**公務員試験【高卒程度・社会人】**

# らくらく総まとめ

# 自然科学

［物理/化学/生物/地学/数学］

資格試験研究会 編　実務教育出版

# 本書の構成と使い方

## 本書の構成

本シリーズは，高等学校卒業程度（初級），社会人区分の公務員試験を短期間で攻略するための要点整理集です。

● 本書の特長

◎よく出るテーマ・よく出る知識を厳選！

出題された過去問を分析し，よく出ているテーマを厳選することにより，試験で問われるポイントを効率よくまとめています。テーマの重要度を「☆」で表しているので，メリハリをつけて学習できるようになっています。

◎読み流し＋赤シートで周回速度アップ！

本書は教科書のように読み流すことができるので，試験本番まで時間のない方や受験勉強が久しぶりの方でも，スピーディーに科目のポイントをおさらいすることが可能です。

特に覚えるべき項目や要点は赤文字になっているので，付属の「暗記用赤シート」を使って赤文字を隠して，暗記をしながら知識の定着度を確認することもできます。

◎過去問で出題形式をチェック！

各テーマの最後に「過去問にチャレンジ」を設け，実際の試験ではどのように知識が問われるのかを確認できるようになっています。

● 使い方のヒント

本シリーズのテーマの分類は，過去問集の定番シリーズとなっている「初級スーパー過去問ゼミ」に準拠しているので，「初級スーパー過去問ゼミ」と併用して学習することで，より一層理解を深めることができます。

本試験まで時間のない人は「☆☆☆」のテーマを優先して学習し，「☆」は直前期に目を通しておくといった学習法をお勧めします。1ページにあまり時間をかけずに，まずは1冊を通して取り組んでみてください。そして1度読み終えたらそれで終わりにせず，何度も周回するようにしましょう。何度も周回することで知識の定着化が図れます。

通学・通勤などのスキマ時間を活用し，本書を繰り返し読み込んで，知識のマスターをめざしましょう！

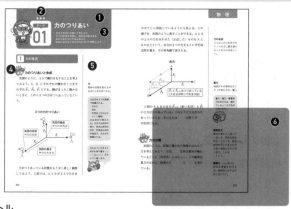

**❶ テーマタイトル**

テーマ分類は「初級スーパー過去問ゼミ」シリーズに準拠しています。

**❷ テーマの重要度**

各テーマの初めに，そのテーマがどのぐらい重要なのかを☆で表しています。学習に当たって，☆☆☆のところは最優先でマスターしましょう。

☆☆☆ … どの試験にも出題される重要なテーマ

　☆☆ … 比較的重要なテーマ

　　☆ … 一部の試験のみで出題されるテーマ

**❸ 学習のポイント**

各テーマの出題傾向と学習に当たっての注意点を解説しています。ここを意識しながら学習することで，何を覚えるべきなのかがわかるため，より効率的に進められます。

**❹ 本文**

各テーマを教科書のように流れに沿って学べるようにしてあります。

読み流すように進められるので，1回で理解・暗記しようとせずに，何度も周回してください。

文章だけでなく，表や図形を用いて視覚からも理解を促しています。

特に重要な要点は赤文字になっているので，赤シートで隠しながらの暗記が可能です。

**❺ 補足**

文中に出てくる専門用語や制度，公式などの細かい知識を補足・解説しています。

サッと目を通しておくと，文中の理解もより深まり，調べる時間を短縮できるので学習がさらに効率的になります。

**❻ 付属の赤シート**

赤シートをかぶせると赤文字部分が見えなくなるので，穴埋め問題のように使うことも可能です。メモなどの書き込みを加える際も，薄い赤色やピンク色のペンを使えば，同様の使い方ができます。

# CONTENTS

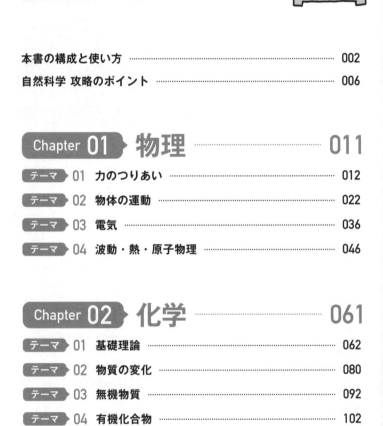

**公務員試験
[高卒程度・社会人]らくらく総まとめ**

# 自然科学 目次

**攻略のポイント**

# 物理

 **ここが出る！ 最近の出題傾向**

　力学からの出題がほとんどを占めている。内容は，力のつりあい（浮力，ばねの力を含む），等加速度運動，運動の法則，力学的エネルギー保存則，運動量保存の法則などで，中学校や高校で学習する基礎的なレベルの問題になっている。 力学以外では，電気（電気回路，電磁気），波動（音，光，ドップラー効果），熱（熱量と温度），原子（原子の構造や放射線の種類）などが出題されている。

　力学と電気では計算問題が出題されるが，そのほかの分野は基本的な知識を問う文章題がほとんどである。

 **ここに注意！効果的な学習法**

**Point❶ 力学の計算問題をマスターする**

　物理の出題傾向は例年ほとんど変化がないので，まずは出題の大半を占める力学の分野を押さえよう。力学では計算問題の対策が不可欠となる。基本公式を問題に当てはめて解く力は，実際に問題演習を繰り返さないとなかなか身につかないので，計算過程を紙に書きながらコツをつかもう。

**Point❷ ほかの分野は大まかな学習でよい**

　力学以外の分野は，一般常識の範囲で解ける問題も多い。力学の学習を終えてなお余裕があれば，教科書などで用語の意味を確認して過去問の内容をひととおりチェックしておく程度で十分だろう。

# 化学

 **ここが出る！ 最近の出題傾向**

　元素や化合物の性質に関する出題が最も多く，物質の三態，液体の性質，気体の性質，化学反応などがこれに次ぐ。また，各分野にわたって，実験操作や工業的製法に関する出題が見られる。

約100種類の元素のうち，よく出題されるのは原子番号1番のHから20番のCaまでの範囲である。その中でも水素（H），炭素（C），窒素（N），酸素（O）とその化合物が最重要である。また，アルカリ金属，アルカリ土類金属，ハロゲン，希ガスの特性もしっかり押さえておこう。

 **ここに注意！効果的な学習法**

**Point❶ よく出る物質の性質をまとめよう**

　化学は「理論分野」と「物質分野」に大きく分けられる。物質分野はいろいろな物質の性質を理解することが中心となり，理論分野についても，具体的な物質の知識がないと問題が解けないことが多い。周期表の主要部分，化合物の製法・性質・用途，金属のイオン化列など，覚えるべき項目は多いのでしっかり整理しよう。

**Point❷ 身近な物質にも着目**

　金属元素，有機化合物，新素材など，身の回りにある物質の性質・特徴に関する出題が，近年増えてきている。時事用語集などで化学（科学）に関する記事をチェックし，話題となっている物質については知識を深めておくとよい。

# 生物

 **ここが出る！最近の出題傾向**

　生物の出題で重要なのは，人体に関する問題と生態系・環境問題の2つであり，動物と植物の分類や，植物のはたらきなどがこれに次いでよく出題される。もう少し細かく見ると，呼吸・消化・光合成，内臓・血液，生態系などがよく出る問題である。

　自然科学の中でも，生物学や医学は特に進歩の速い分野であり，最近話題となっている事柄に関する問題も出題されるので，科学関係のニュースには注意しておこう。また，地球環境問題（環境破壊・生態系変化の原因と対策）についても要チェックである。

## ここに注意！効果的な学習法

**Point ❶ よく出題されるテーマから始める**

　まず，出題頻度が高く，身近な問題でもある人体に関する問題（内臓，血液，脳，神経など）から始めると効率的である。それから呼吸・消化・光合成，遺伝と進化などに範囲を広げていくとよい。図や表を使って知識を整理しよう。

**Point ❷ 環境問題は今後ますます重要なテーマに**

　生態系および環境問題は，地球的な課題であり，出題頻度もより高まることが予想される。新聞・テレビのニュース報道や時事用語集の関連記事には常に注意を払おう。この分野は，化学や地学，社会科学の社会においてもよく出題されているので，3つの科目を同時に学習していると考えて，しっかりと押さえておきたい。

# 地学

## ここが出る！　最近の出題傾向

　大気と気象に関する出題が最も多く，天文分野（宇宙・太陽系・地球）がそれに次いでおり，以上の分野が出題のほとんどを占めるといってよい。全般的に難易度はあまり高くなく，中学校で習うような知識や一般常識的な理解で解ける問題も多い。

　地学は暗記科目といわれることが多いが，実際にはかなりの思考力・判断力を必要とする「総合科学」ともいえる科目である。地球上や宇宙で起こるさまざまな現象の意味や変化を，きちんと理解していこう。

## ここに注意！効果的な学習法

**Point ❶ いろいろな現象を図で理解する**

　地球の公転，太陽と惑星の位置関係，天気図など，地学にはさまざまな図が出てくる。過去問も図を使用したものが多いので，よく出てくるような図は何度も見返して覚えること。特に，一番出題の目立つ天気については，日常で新聞やテレビの天気予報などに接して，季節ごとの天気の特徴と天気図との関係をしっかり理解しておきたい。

Point❷ **最近のトピックには要注意**

　地震・台風などの自然災害や異常気象，地球温暖化などの環境問題，さまざまな宇宙探査活動など，近年は地学においても時事的な話題に関連した問題がよく出題されている。試験前年から当年のトピックについては特に注意しよう。

# 数学

 **ここが出る！ 最近の出題傾向**

　「数学」として出題される範囲は，2次式に関する問題とグラフや図形に関する問題が大半を占めている。1次方程式や連立方程式を利用する文章題や場合の数・確率といった内容は，主として「数的推理（数的処理）」において出題されることが多いからだろう。

　特に出題が目立つのは関数に関連する問題である。なかでも，2次関数が最も多く，1次関数がこれに次ぐ。ただし，2次方程式・2次不等式を関数と関連させたものや，文章で示された数量関係から関数のグラフを選ぶものなど，出題形式はさまざまである。

　全般的に難易度は高くなく，中学校・高校1年生レベルの数学の知識でもかなりの問題は解けるはずである。

 **ここに注意！効果的な学習法**

Point❶ **知能分野の学習を兼ねる**

　数学に苦手意識を持つ人は多いが，出題数の多い「数的推理（数的処理）」や「判断推理（課題処理）」をそっくり捨てるということはしないだろう。数学の基本的な公式・定理などを復習しておけば，知能分野にも役立つはずだ。また，早くて確実な計算能力は物理や資料解釈でも必要とされる。数学の問題演習で慣れておけば差がつく。

Point❷ **関数とグラフを重点的に**

　出題の中心である関数に，まず重点的に取り組もう。1次関数・2次関数のグラフの形状，不等式や2次方程式の解とグラフの関係について確認しよう。

## 試験名の表記について

- 国家一般職／税務／社会人，国家Ⅲ種／中途採用者

　……………………………………国家公務員採用一般職試験[高卒者試験][社会人試験（係員級）]，
　　　　　　　　　　　　　　　　税務職員採用試験，国家公務員採用Ⅲ種試験，
　　　　　　　　　　　　　　　　国家公務員中途採用者選考試験

- 地方初級…………………………地方公務員採用初級試験（道府県・政令指定都市・市役所・
　　　　　　　　　　　　　　　　消防官採用試験[高卒程度]）

- 東京都……………………………東京都職員Ⅲ類採用試験

- 特別区……………………………特別区（東京23区）職員Ⅲ類採用試験

- 警察官……………………………警察官採用試験[高卒程度]

- 警視庁……………………………警視庁警察官Ⅲ類採用試験

- 東京消防庁………………………東京消防庁消防官Ⅲ類採用試験

# 物理

★★★

テーマ

01

# 力のつりあい

・力を2方向に分解して考えよう。
・てこの原理を利用し，物体を回転させる
　はたらきについてまとめよう。
・ばねにはたらく力と浮力について理解しよう。

---

## 1 力の性質

### 力のつりあいと合成

　次図のように，3人で綱引きをすることを考え
てみよう。A，B，Cそれぞれが綱を引く力をそ
れぞれ $\vec{F}_A$，$\vec{F}_B$，$\vec{F}_C$ とする。綱がまったく動かな
いときに，これら3つの力はつりあっているとい
う。

**力**
物体の状態を変化させ
るはたらきを持つもの。

力は次の3つの要素
で定義される。
・大きさ
・向き
・作用点（力のはた
らく場所）
力は矢印で表され
る。大きさは矢印の
長さ，向きは矢印の
向き，作用点は矢印
の始点で，それぞれ
表現される。

### 3つの力のつりあい

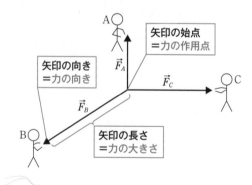

A

矢印の始点
＝力の作用点

$\vec{F}_A$

矢印の向き
＝力の向き

$\vec{F}_C$

○C

$\vec{F}_B$

矢印の長さ
＝力の大きさ

B○

力のように大きさと
向きを持つ量をベク
トル量といい，$\vec{F}$ の
ように表します。

　力がつりあっている状態をもう少し詳しく観察
してみよう。上図では，AとBが2人で力を合

わせて C に対抗しているようにも見える。この様子を，次図のように表すことができる。A と B の 2 人の力を合わせた（合成した）ものを A と B の**合力**という。合力は 2 つの力をもとに平行四辺形を書き，その対角線で表される。

**力の合成**

2 つ以上の力を合わせて 1 つの力に置き換えることを力の合成という。

**合力**

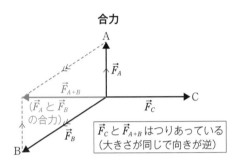

$\vec{F_C}$ と $\vec{F_{A+B}}$ はつりあっている（大きさが同じで向きが逆）

**重力**

地球がその物体を引く力（万有引力の一種）。

上図の A と B の合力 $\vec{F_{A+B}}$（赤い矢印）と $\vec{F_C}$ の 2 力はつりあっている。このように 2 力がつりあっているとき，その 2 力は**大きさが同じ**で**向きが反対**になる。

重力・磁力・静電気力以外の力は，触れているところで及ぼし合います。

 **力の分解**

次図のように，斜面に置かれた物体にはたらく力を考えてみよう。力は，**重力以外は物体が触れているところ（作用点）にはたらく**。この物体は重力のほかに，斜面から**垂直抗力**と**摩擦力**を受けている。

**垂直抗力**

物体が面の上に乗っているとき，物体は面を押す。このとき，面は物体を同じ大きさの力で面に垂直な方向に押し返す。これを垂直抗力という。

**摩擦力**（→ p.30-32）

物体の運動を妨げる力。接触面に水平な方向にはたらく。

## 斜面上の物体にはたらく力

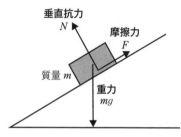

垂直抗力
$N$

摩擦力
$F$

質量 $m$

重力
$mg$

　この物体の力のつりあいの様子を，斜面に水平な方向と垂直な方向に分けて考えてみよう。このとき，重力は斜面に垂直な方向と水平な方向に分けて考える必要があり，これを**力の分解**という。力の分解は，力の合成と逆の作業で得られる。

## 力の分解

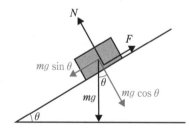

$N$

$F$

$mg \sin \theta$

$\theta$

$mg$

$mg \cos \theta$

$\theta$

　今この物体は静止しているので，この物体にはたらく力はつりあっている。したがって，

① $mg \sin \theta = F$（斜面に平行な方向）

② $mg \cos \theta = N$（斜面に垂直な方向）

が成り立っている。

---

### 力の分解

力の合成とは逆に，1つの力を2つ以上の力に分けること。

### 質量と重力

物体そのものが持つ量を質量という。一般に重力は質量に比例してはたらく。したがって，質量を $m$〔kg〕，重力加速度を $g$〔m/s²〕とすると，物体にはたらく重力は $mg$〔kg・m/s²〕で与えられる。

### 物理量

2つ以上の物理量をかけあわせてできる新しい物理量は，それぞれの単位をかけあわせた単位で与えられる。
たとえば重力の単位は〔kg・m/s²〕であるが，これでは複雑になるために，これを〔N〕（ニュートン）と表す。このような単位を**組立単位**という。

三角関数については，p.230 以降を参照してください。

## 作用・反作用の法則

ところで，垂直抗力と摩擦力はなぜはたらくのかというと，次のように説明される。

下図のように，AとBが押し合っている場面を考える。AはBから左向きに押されるが，このときBはAから右向きに押されている。このような関係を，作用・反作用の法則という。

**作用・反作用の法則**
2つの物体が互いに力を及ぼし合うときに，それらの力は向きが反対で同じ大きさとなる。運動の第3法則ともいう（→ p.28）。

**作用・反作用の法則**

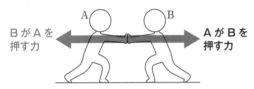

Bが Aを
押す力

AがBを
押す力

力について考えるときには，その力がどの物体にはたらいているかに注目する必要がある。力のつりあいは1つの物体にはたらく力についての議論であるが，作用・反作用の法則は1つの力について主体と客体を入れ替えて考えるものである。

〔例題1〕 図のように物体が台の上に置いてある。物体にはたらく重力と作用・反作用の関係にある力は何か。

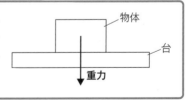

物体

台

重力

〔解答〕

物体が地球を引く力（垂直抗力ではない）

## 2 力のモーメント

### 剛体

前節で物体の運動を考えたときには，物体の大きさや形を意識しなかった。ここでは，物体の形を意識して，その物体にはたらく力について考えよう。

物体は，さまざまな形をしている。このように形を意識した物体を剛体という。剛体には質量に比例して重力がはたらいており，この物体を1つの力で支えようとすると，特定の場所で支える必要がある。この場所を重心という。

### 力のモーメント

重心は，その物体の質量全体がそこに集中していると考えることができる点なので，剛体を1つの力で支える（つりあいをとる）には，その力は重心にはたらかなければならない。たとえば，次の図のように支える力が重心にはたらいていない場合，棒（剛体）は回転してしまう。

このような物体を回転させるはたらきを，力のモーメントという。

**剛体**

剛体とは「力の作用の下で変形しない物体」を表す。これに対して，大きさを無視した物体を質点という。

**重心**

重力のように剛体全体に均等にはたらく力は，その総和を1本の矢印に代表させて表すことができる。この力の作用点を重心という。

## 力のモーメント

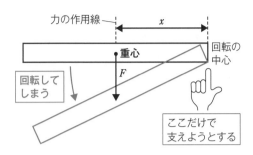

力のモーメント（$M$）は，力の大きさ（$F$）と，回転の中心から力の作用線までの距離（$x$）に比例する。これを式で表すと，次のようになる。

$$M = Fx$$

なお，反時計回りのモーメントを正，時計回りのモーメントを負とすることになっている。剛体が静止し続けるためには，

①**力のつりあい**（力の総和が0）

②**モーメントのつりあい**（モーメントの和が0）

の両方が成り立たなければならない。

回転の中心は任意の場所を選ぶことができます。

モーメントは力と長さの積で表されるので，単位は〔N·m〕となります。

---

〔**例題2**〕　右のようなてこの点Aに適当なおもりをつるして，このてこをつりあわせたい。

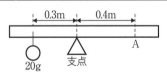

(1)　このとき，何gのおもりをつるせばよいか。

(2)　このとき，支点で支える力は何gか。

ただし，棒の重さは考えないことにする。

〔解説〕

(1) モーメントのつりあいを考える。$x$〔g〕のおもりをつるしたときに，支点を中心としたモーメントの和が0になるとすると，次の式が成り立つ。

$$20 \times 0.3 - x \times 0.4 = 0^{※1}$$
$$x = 15 \text{〔g〕}$$

したがって，答えは **15g**。

(2) 力のつりあいを考える。おもりの質量の和は，
$$20 + 15 = 35 \text{〔g〕}$$
したがって，支点で支える力は **35g**$^{※2}$。

（※1）モーメントの単位は正しくは〔N·m〕であるが，ここでは重力に比例する量として質量を利用している。

（※2）力の単位は正確には〔N〕であるが，ここでは問題に〔g〕と示されているのでそれに従っている。

## 3 いろいろな力

### ばねにはたらく力

力が物体にはたらくと，物体は変形する。このとき，物体にはもとの形に戻ろうとする力がはたらく。この力を復元力という。ばねにはたらく弾性力もこの復元力の1つである。

ばねを引っ張るとき，引く力を大きくするにつれて，ばねの伸びも大きくなる。つまり，ばねの伸び（$x$）は加える力（$F$）に比例するのであり，式で表すと次のようになる。

$$F = kx \left[ \begin{array}{l} F：ばねを引く力 \\ k：ばね定数，x：ばねの伸び \end{array} \right]$$

これを**フックの法則**という。$k$はばね定数とい

物体を台の上に置いたときに，台が（目に見えない程度に）変形して復元力が発生したと考えると，垂直抗力も復元力の一種ととらえられます。

何も力がはたらいていないときのばねの長さを自然長といいます。ばねの伸びは，自然長を基準に考えましょう。

い，ばね固有の値である。

## 浮力

　水などの液体の中に物体を入れると，その物体には，物体によって押しのけられた液体の体積分の重力と同じ大きさの力が上向きにはたらく。これを浮力という。物が水中に浮いているときは，その物体にはたらく浮力と重力とがつりあっている。

### 浮力

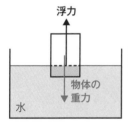

浮力

赤色部分の体積分の水の重力相当分の力が上向きにはたらく

物体の重力

水

**フックの法則**

同様の法則はばね以外に，ゴムなどにも成立する。フックの法則が成り立つ範囲には限界があり，それを超えるとばねの伸びが戻らなくなったり，ゴムが切れたりする。

No.1　　自然の長さが 20cm の同じばねア，イ，ウとおもり A，B を用意し，図のように天井からつり下げた。このとき，ばねア，イの長さは 25cm に，ばねウの長さは 24cm になった。おもり B の質量が 200g であるとすると，おもり A の質量はいくらか。

　　ただし，ばねの質量は無視できるものとし，ばねの伸びはおもりの質量に比例するものとする。

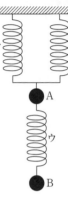

【国家Ⅲ種／中途採用者】

**1**　250g

**2**　300g

**3**　350g

**4**　400g

**5**　500g

## 正答と解説

### No.1 の解説

　ばねにおもりをつるすと，ばねはもとの長さ（自然の長さ）に戻ろうとして，おもりに対し伸びと反対向きの力を及ぼす。このような力を**弾性力**（→p.18）といい，ばねの弾性力の大きさは伸びの長さに**比例**する（フックの法則）。

　まずは力のつりあいを図示してみよう。

　ばねウについては，おもり B にはたらく重力と，ばねウの上端で上向きに引かれる力がつりあっている。つまり，ばねウは 200g 分の重力のはたらきによって 24cm になっているので，$200 \div (24 - 20) = 50$〔g〕となり，このばねは 50g で 1cm 伸びることがわかる。

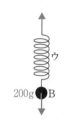

　次に，ばねア，イは 25cm になっているので，$(25 - 20) \times 50 = 250$〔g〕となり，250g 分の力がはたらいていることがわかる。したがって，おもり A の上端部分にはたらく力は，$250g \times 2 = 500$〔g〕

　ここでおもり A について力のつりあいを考えると，上記力の反作用として，上向きに 500g の力で引かれており，それとばねウに引かれる力（200g＝おもり B の質量）とおもり A の質量の合計がつりあっていることになるので，

　$500 - 200 = 300$〔g〕

が，おもり A の重さということになる。

　よって正答は**2**である。

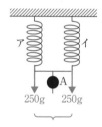

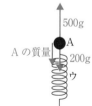

## テーマ 02 物体の運動

- 速度や加速度，変位を求められるようにしよう。
- 等加速度運動や放物運動の特徴を理解しよう。
- 運動量や力積，力学的エネルギーの概念を理解しよう。

---

### 1 速度・加速度

#### 速度

たとえば，A君が50m走るのに8秒かかったとしよう。このとき，

$$\frac{\text{移動した距離}}{\text{移動にかかった時間}} = \frac{50 \, [\text{m}]}{8 \, [\text{s}]} = 6.25 \, [\text{m/s}]$$

を平均の速さという。しかし，このときA君は常に一定の速さで移動していたとは限らない。移動中の瞬間に注目すれば，ある時間 $t$ に対応する速さ $v$ を定めることができる。これを時間 $t$ における瞬間の速さという。

速さはスカラー量であるが，一般に物の運動を考えるときには運動の向きも意識する必要がある。そこで，速さと向きを合わせたベクトル量である速度について考えることにしよう。

#### 等速直線運動

一直線上を等速で移動する運動を等速直線運動という。等速直線運動においては，速度 $v$ は時間

---

**速さ**
単位時間中に移動する距離のこと。単位は物理では〔m/s〕（メートル毎秒）が用いられるのが一般的であるが，日常的には〔km/h〕（キロメートル毎時）なども用いられる。

**スカラー量**
大きさを持つが向きを持たない量。
⇔ベクトル量（→ p.12）

ベクトルであることを明示するときは $\vec{v}$ などと表すこともあります。

**等速直線運動**
一直線上を等速で移動する運動。一定の速度となるので，等速度運動ともいう。

に関わらず一定である。したがって，時間 $t$ の間の移動距離 $x$ は，

$\quad x = vt$ 〔$x$：移動距離，$v$：速度，$t$：時間〕

で与えられる。

移動距離 $x$ は $t$ の値が決まると決まるので，$x$ は $t$ の **関数** であるといえます。この場合，$x(t)$ と表現できます。

### 速度の合成と分解

　速度はベクトル量であることはすでに述べたが，実際の速度の変化の様子を観察するために，力の場合と同じように，速度を合成したり，分解したりすることがある。次の例題で考えてみよう。

〔例題3〕　流速が3m/sの川がある。船がこの川の向こう岸に渡るために，川の流れに垂直な方向に4m/sで進むとき，船の岸に対する速さはいくらになるか。

〔解説〕

川の流れと船の速度を合成すると，下図のようになる。したがって，船の岸に対する速さは，三平方の定理より **5m/s** となる。

**三平方の定理**

直角三角形の斜辺の長さの2乗は他の2辺の長さの2乗の和に等しい（→ p.224）。

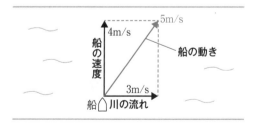

**加速度**

　車を走らせる場合を考えてみよう。車のエンジンをかけたとき，まだ車は動いていないので，速度は 0 である。その後，アクセルを踏むと，少しずつ速度は上がっていく。つまり速度が変化することになる。たとえば，この車の速度が 15m/s になるのに 6 秒かかったとしよう。このとき，

$$\frac{\text{加速した速度}}{\text{加速にかかった時間}} = \frac{15〔\text{m/s}〕}{6〔\text{s}〕} = 2.5〔\text{m/s}^2〕$$

を平均の加速度という。しかし，このとき車は常に一定の加速度で加速していたとは限らない。移動中の瞬間に注目すれば，ある時間 $t$ に対応する加速度 $a(t)$ を定めることができる。これを時間 $t$ における瞬間の加速度という。

**加速度**

単位時間中の速度の変化を表す量。速度がベクトル量なので，加速度も当然ベクトル量である。ベクトルであることを明示するときは $\vec{a}$ などと表す。

$v$：速度
$a$：加速度
$t$：時間

 **等加速度直線運動**

　一直線上を等加速度で移動する運動を等加速度直線運動という。等加速度直線運動における一定の加速度を $a$，初速度を $v_0$ とすると，時間 $t$ のときの速度 $v(t)$ は，次の式で表される。

$$v(t) = v_0 + at \quad \begin{bmatrix} v：\text{速度，} v_0：\text{初速度} \\ a：\text{加速度，} t：\text{時間} \end{bmatrix}$$

　また，このときの変位 $x(t)$ は，時間 0 のときを原点とすると，

$$x(t) = v_0 t + \frac{1}{2}at^2$$

$x(t) = v_0 t + \dfrac{1}{2}at^2$ の両辺を $t$ で微分することにより，
$v(t) = v_0 + at$ の式を得られます。
（$v'(t) = x(t)$ に注意）
微分法については，p.257 を参照してください。

となる。これら2つの式から$t$を消去すると，

$$v(t)^2 - v_0^2 = 2ax$$

が得られる。これらの式をグラフに表すと次のようになる。

### 等加速度直線運動

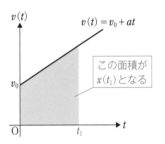
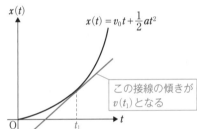

〔**例題4**〕　$1\mathrm{m/s}^2$の等加速度で直進している1台の自動車が，ある地点Aを速度$5\mathrm{m/s}$で通過し，その後地点Bで速度$15\mathrm{m/s}$になったとき，地点Aから地点Bまでの距離はいくらか。　　　　　　【東京都・改題】

〔**解説**〕

この問題では時間についての記述がない。したがって，$t$の入っていない $v(t)^2 - v_0^2 = 2ax$ の式を用いると効率的に解くことができる。

AB間の距離を$x$mとすると，

$$15^2 - 5^2 = 2 \times 1 \times x$$

が成り立つ。これを解いて，

$$x = 100〔\mathrm{m}〕$$

〔**例題4　別解**〕

$v(t) = v_0 + at$より，$v(t) = 5 + t$であるから，地点Bを通過する時刻は，

$$15 = 5 + t$$
$$t = 10$$

となる。これを$x(t) = v_0 t + \dfrac{1}{2}at^2$に代入して，

$$
\begin{aligned}
x(t) &= 5 \cdot 10 + \frac{1}{2} \cdot 1 \cdot 10^2 \\
&= 100〔\mathrm{m}〕
\end{aligned}
$$

# いろいろな等加速度運動

## (1) 自由落下運動

空中で物体を手放すと，物体は次第に加速しながら落下する。この運動を**自由落下運動**という。自由落下運動は，加速度が**重力加速度**（$g$），初速度が0の等加速度直線運動である。自由落下運動では，p.24-25の式は次のようになる。

$$
\begin{array}{l}
v(t) = gt \\
y(t) = \dfrac{1}{2}gt^2 \\
v(t)^2 = 2gy
\end{array}
\quad
\left[
\begin{array}{l}
v：速度 \\
g：重力加速度 \\
t：時間
\end{array}
\right.
$$

**重力加速度**

重力加速度 $g$ の値は，およそ9.8m/s$^2$である。

(1)〜(3)は鉛直方向の運動なので，変位には $y$ を用いることが多いです。

## (2) 鉛直投げおろし

初速度 $v_0$ で下向きに投げおろせば，鉛直投げおろしとなる。このときは次のような式になる。

$$
\begin{array}{l}
v(t) = v_0 + gt \\
y(t) = v_0 t + \dfrac{1}{2}gt^2 \\
v(t)^2 - v_0{}^2 = 2gy
\end{array}
$$

自由落下運動と鉛直投げおろしの変位は，下方向を正とするのが一般的です。

## (3) 鉛直投げ上げ

初速度 $v_0$ で上向きに投げ上げれば，鉛直投げ上げとなる。このときは次のような式になる。

$$
\begin{array}{l}
v(t) = v_0 - gt \\
y(t) = v_0 t - \dfrac{1}{2}gt^2 \\
v(t)^2 - v_0{}^2 = -2gy
\end{array}
$$

鉛直投げ上げでは，上方向を正とした座標軸を設定するのが普通です。そのため，鉛直投げ上げでは加速度が $-g$ となります。

〔**例題5**〕 地上29.4mの高さから，小球を鉛直上向きに初速度24.5m/s で発射した。発射してから小球が地面に達するまでの時間を求めよ。ただし空気の抵抗はないものとする。また，重力加速度は9.8m/s²とする。

【警視庁・改題】

〔解説〕

鉛直上向きに発射しているので，鉛直投げ上げの

式を用いる。$y(t) = v_0 t - \dfrac{1}{2}gt^2$ より，

$$-29.4 = 24.5t - \dfrac{1}{2} \times 9.8t^2$$

これを $t > 0$ に注意して解くと，$t = 6$ 〔**s**〕

（時間 $t$ は発射後の時刻を表すので，$t > 0$ である。）

$$4.9t^2 - 24.5t - 29.4 = 0$$
$$t^2 - 5t - 6 = 0$$
$$(t + 1)(t - 6) = 0$$

 **放物運動**

**（1）水平投射**

物体を水平方向に初速度 $v_0$ で投射（水平投射）したときの運動を，水平方向と鉛直方向に分解して考えると，水平方向には等速直線運動，鉛直方向には自由落下運動をしている。

**（2）斜方投射**

斜め上方（仰角 $\theta$）に向かって初速度 $v_0$ で投射（斜方投射）したときの運動は，水平方向には初速度 $v_0\cos\theta$ の等速直線運動，鉛直方向には初速度 $v_0\sin\theta$ の鉛直投げ上げ運動をしている。

**水平投射**

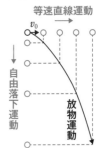

等速直線運動

$v_0$

自由落下運動

放物運動

## 斜方投射

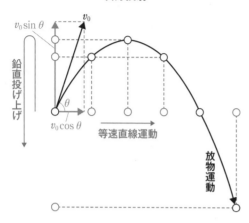

水平投射と斜方投射
による運動は，**放物
線**を描きます。

 **物体にはたらく力と運動**

これまで説明してきた物体のさまざまな運動
は，どのような条件のときに起こるのだろうか。

物体に外部から力がはたらかない限り，物体は
静止または等速直線運動をする（慣性の法則）。

また，物体に外部から力がはたらいているとき
は，その合力の向きに加速度を持つ（運動の法則）。
物体にはたらく合力を $F$，物体の質量を $m$，加速
度を $a$ とすると，次の式が成り立つ。

$$F = ma \quad \left[ \begin{array}{l} F：物体にはたらく合力 \\ m：物体の質量，a：加速度 \end{array} \right]$$

これを運動方程式という。自由落下運動などの場
合は，物体には重力がはたらいている。

**慣性の法則**

物体に外部から力がは
たらかない，あるいは
はたらいていてもつり
あっているとき，**物体
は静止し続けるか，等
速直線運動を続ける。**
運動の第1法則ともい
う。

**運動の法則**

物体が力を受けている
とき，その力の向きに
加速度を生じる。**加速
度の大きさは，力の大
きさに比例し，質量に
反比例する。**運動の第
2法則ともいう。

慣性の法則，運動の
法則，作用・反作用
の法則（→ p.15）を
合わせてニュートン
の運動の3法則とい
います。

## 2 仕事と力学的エネルギー

### 仕事

力を作用させて物体を移動させたとき，その力は物体に仕事を与える。力を $F$〔N〕，移動させた距離を $s$〔m〕とおくと，仕事は $Fs$〔N・m〕と表される。なお，仕事の単位として〔J〕（ジュール）を用いることがある（1N・m = 1J）。

### 力学的エネルギー

#### （1）位置エネルギー

物体をある高さから落として，床に当たる瞬間を観察してみよう。より高い所から落とすと，床に当たる直前の速度が大きくなり，床に当たったときにより大きな音がする。このように，物体はより高い所にあるほうが，より大きなエネルギーを持つと考えられる。これを位置エネルギーという。基準水平面から $h$ の高さにある，質量 $m$ の物体の持つ位置エネルギーは，$mgh$ と表される。

なお，位置エネルギーにはばねの弾性力によるものもあり，これを弾性エネルギーという。ばねにはたらく力については p.18 で扱ったが，このばねを伸ばすために引く力がした仕事が，ばねの弾性エネルギーとして蓄えられる。ばね定数 $k$〔N/m〕のばねが長さ $x$〔m〕だけ伸びているとき，

### 斜めにはたらく力

力がする仕事は，正確には力の移動方向の成分について考える。したがって，斜めに物体を引く場合は下図のように考えることになり，このときの仕事は
$$Fs \cos \theta$$
となる。

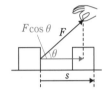

仕事量は
$$F \cos \theta \cdot s = Fs \cos \theta$$

### 重力による位置エネルギー

$mgh$
$$\begin{bmatrix} m：物体の質量 \\ g：重力加速度 \\ h：基準水平面から \\ \quad の変位 \end{bmatrix}$$

### 弾性力による位置エネルギー

$\dfrac{1}{2}kx^2$
$$\begin{bmatrix} k：ばね定数 \\ x：自然長からの変位 \end{bmatrix}$$

ばねに蓄えられている弾性エネルギーは $\frac{1}{2}kx^2$ である。

## （2）運動エネルギー

より速度の大きな物体は，より大きなエネルギーを持つ。運動している物体の持つエネルギーを運動エネルギーという。質量 $m$，速度 $v$ の物体の持つ運動エネルギーは $\frac{1}{2}mv^2$ で与えられる。

## （3）力学的エネルギー

位置エネルギーと運動エネルギーなどの和を，力学的エネルギーという。力学的エネルギーの単位は，仕事の単位と同じ〔N・m，J〕になる。

外から**仕事**を受けない限り，力学的エネルギーの和は変化せず一定に保たれる。これを力学的エネルギー保存則という。

力学的エネルギーのほかにもエネルギーは存在します。たとえば熱エネルギー，化学エネルギー，電気エネルギーなどです。これらのエネルギーは力学的エネルギーではありませんが，力学的エネルギーと相互に変換される場合があります。

## 摩擦力と運動・エネルギー

### （1）静止摩擦力

物体が静止しているときには静止摩擦力がはたらく。静止摩擦力は，物体が静止し続けるようにバランスを取りながらはたらくが，その大きさには限界がある。その限界を最大摩擦力という。物体にはたらく垂直抗力を $N$，最大摩擦力を $F$ とすると，

摩擦力については，p.13を参照してください。

$$F = \mu N$$

という関係がある。ここで $\mu$ を**静止摩擦係数**という。摩擦力は接触面に平行な方向にはたらく。

**静止摩擦係数**
静止摩擦係数は，接触する物体によって決まる固有の値である。

---

〔**例題6**〕　水平な粗い板の上に物体を乗せ，静かに板の一端を持ち上げて斜めにしたところ，斜面と水平とのなす角が $\theta$ を超えたとき，物体は斜面をすべり始めた。板と物体との間の静止摩擦係数はどう表されるか。

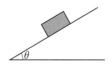

【東京消防庁・改題】

〔**解説**〕

物体の質量を $m$ とすると，物体には右図のような力がはたらいている。

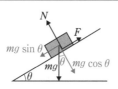

物体がすべり出す直前には，物体に最大静止摩擦力 $(F)$ がはたらいており，斜面方向のつりあいの式は $mg \sin \theta = F$ となる。

ここで，$F = \mu N$，$N = mg \cos \theta$ より，$\mu = \tan \theta$

摩擦力がはたらかない面を**なめらかな面**，摩擦力がはたらく面を**粗い面**と表現します。

$$\tan \theta = \frac{\sin \theta}{\cos \theta}$$

### (2) 動摩擦力

物体が運動しているときには**動摩擦力**がはたらく。物体にはたらく垂直抗力を $N$，動摩擦力を $F'$ とすると，

$$F' = \mu' N$$

という関係がある。ここで $\mu'$ を**動摩擦係数**という。

**動摩擦係数**
動摩擦係数は，接触する物体によって決まる固有の値である。

動摩擦力は摩擦面を運動している間常にはたらくため，摩擦力は物体に対して仕事をする。摩擦力は運動の方向と逆向きにはたらくため，物体に負の仕事をすることになる。したがって，動摩擦力は，力学的エネルギーを減らす方向に作用する。

> 一般に，動摩擦係数 $\mu'$ と静止摩擦係数 $\mu$ を比較すると，
> $$\mu' < \mu$$
> の関係が成り立つ。

〔**例題7**〕 質量5.0kgの物体が初速度7.0m/sで粗い水平面上を滑っていき，摩擦力を受けて静止した。このとき，物体が静止するまでに滑った距離はいくらか。ただし，物体と面との間の動摩擦係数を0.25，重力加速度の大きさを9.8m/s$^2$とする。 【特別区・改題】

〔**解説**〕

この物体にはたらく摩擦力を $F$，加速度を $a$ として，運動方程式を立てると，$F = 5.0a$

また，垂直抗力を $N$ として，$F = -0.25N$

垂直方向の力のつりあいから，$N = 5.0 \times 9.8$

滑った距離を $x$ とすると，最初の状態と静止したときを比較して，等加速度直線運動の式 $v(t)^2 - v_0^2 = 2ax$（→p.25）より，

$0^0 - 7.0^2 = 2ax$

以上の式を整理して，$x = 10$〔m〕

> 物体の動く向きを正として立式をしていることに注意してください。摩擦力は運動方向とは逆向きなので－をつけます。

## 3 運動量とエネルギー

### 運動量と力積

物体の質量 $m$ と速度 $v$ の積 $mv$ を，その物体の

運動量という。運動量は外部から力積を受けることによって変化する。複数の物体があり，互いに力のやりとりはあるが外部からは力を受けないとき，これらの物体の運動量の和は変化せずに一定に保たれる。これを運動量保存の法則という。

**力積**

力 $F$〔N〕とその力を作用させた時間 $t$〔s〕の積 $Ft$ を力積という。力積と運動量は同じ単位〔N·s〕である。

---

〔**例題8**〕　質量 $M$ の小球Aが，静止している質量 $2M$ の小球Bに速度 $6v$ でぶつかったところ，一体となって運動を続けた。このときの速度はいくらか。

---

〔解説〕

求める速度を $v'$ とすると，運動量保存の法則より，

$M \cdot 6v + 2M \cdot 0 = 3M \cdot v'$

よって，

$$v' = 2v$$

**反発係数**

速度 $v_1$ の物体 $M_1$ と速度 $v_2$ の物体 $M_2$ が衝突し，衝突後の速度がそれぞれ $v'_1$, $v'_2$ になったとき，

$$e = -\frac{v'_1 - v'_2}{v_1 - v_2}$$

を反発係数という。

特に $e = 1$ のときを弾性衝突，$0 \le e < 1$ のときを非弾性衝突（$e = 0$ のときを完全非弾性衝突）という。**例題8**のように，衝突後一体化するものは，完全非弾性衝突である。

**No.1**　　ボールを鉛直上向きに，初速度 $v_0$ で投げ上げた。ボールは $t$ 秒後に最高点に達した後，鉛直下向きに方向を変え，速度を増しながら落下してきた。投げ上げた位置に戻ったのは，$2t$ 秒後であった。

この一連の動きを，縦軸を速度（上向きを正とする），横軸を時間としてグラフに表した場合，その概形として最も妥当なのはどれか。

【国家Ⅲ種／中途採用者】

**1**

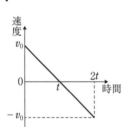

**2**

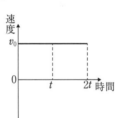

**3**

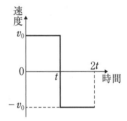

**4**

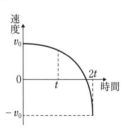

**5**

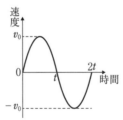

**正答と解説**

### No.1 の解説

鉛直投げ上げの速度の式（→ p.26）は，

$v(t) = v_0 - gt$

これは $t$ の1次関数だから，正答は **1** である。

なお，時間 $t$ で速度が0になるので，

$0 = v_0 - gt$

$t = \dfrac{v_0}{g}$

よって，時間 $2t$ のときの速度は，　$v_0 - g \cdot 2t = v_0 - g \cdot 2\dfrac{v_0}{g} = -v_0$

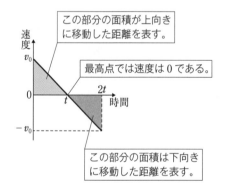

この部分の面積が上向きに移動した距離を表す。

最高点では速度は0である。

この部分の面積は下向きに移動した距離を表す。

## 電 気

★★
テーマ
03

・オームの法則やキルヒホッフの法則などを利用して計算ができるようになろう。
・合成抵抗や合成容量がわかるようになろう。
・右ねじの法則を利用して，電磁誘導を理解しよう。

## 1 電気回路

### 回路とオームの法則

回路とは，電気を利用するために電源や抵抗などを導線で接続したものである。電源は電力を供給するもの（電力については次ページの側注を参照）であり，抵抗は電流の流れにくさ，あるいは電流を流れにくくさせるもののことをいう。

一般に，抵抗は電気のエネルギーを光や熱などの他のエネルギーに変換する役割を持つ。抵抗の単位は〔Ω〕（オーム）である。

いま，最も簡単な回路（p.37）を考えてみよう。電流が流れるためには電源（電池）が必要で，電池の+極から流れた電流は，抵抗（この場合は電球）を通って，電池の-極に至る。このとき，電圧を$V$，電流を$I$，抵抗を$R$とすると，これらの間には次の関係がある。

$$V = IR$$

これをオームの法則という。

**電流**

電気の流れ。単位は〔A〕（アンペア）。
導線を流れる電流は，実際には-の電荷を持つ自由電子の流れであり，自由電子の流れる向きは電流の向きとは逆である。

**電圧**

電流を流そうとする力。起電力。単位は〔V〕（ボルト）。

**オームの法則**

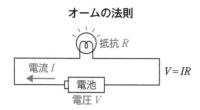

抵抗 $R$

電流 $I$

電池
電圧 $V$

$V = IR$

〔例題9〕　5Ωの抵抗に2Aの電流を流すためには何Vの電源を用意すればよいか。

〔解説〕

$V = IR$ より，$2 \times 5 = 10$〔V〕

**電力量と電力**

　回路の中では，主に抵抗で電気エネルギーが消費され，他のエネルギーに変換される。このとき消費される電気エネルギーを電力量といい，単位時間に消費される電力量を電力という。

　抵抗 ($R$) とその両端にかかる電圧 ($V$)，その時流れる電流 ($I$) と電力 ($P$) の間には，次の関係が成り立つ。

$$P = VI$$

　この式にオームの法則 ($V = IR$) を代入すると，

$$P = I^2 R = \frac{V^2}{R}$$

　また，$P$ の電力で $t$ 秒間に消費した電力量を $W$ とすると，次の関係が成り立つ。

$$W = Pt$$

**電力量**

エネルギーなので単位は〔J〕を用いるが，日常生活の中では〔kWh〕を使うことも多い。

〔J〕=〔Ws〕(ワット秒) であるから，

1kWh = 3600000J である。

※1h（時間）= 3600s

※1kW = 1000W

**電力**

単位は〔W〕(ワット) を用いる。

〔例題10〕 2.0kWのドライヤーを15分間使った場合に消費される電力量は何Jか。

【東京消防庁・改題】

〔解説〕

単位の換算に注意。

2.0kW = $2.0 \times 10^3$W, 15分 = 900秒であるから,

$W = Pt$ より,

$W = 2.0 \times 10^3 \times 900 = 1.8 \times 10^6$〔J〕

 **合成抵抗**

　合成抵抗とは,直列や並列につないだ抵抗を1つの抵抗とみなしたものである。抵抗 $R_1$, $R_2$, $\cdots R_n$ を直列につないだときの合成抵抗 $R$ は,次の式で求められる。

$$R = R_1 + R_2 + R_3 + \cdots + R_n$$

### 直列接続の合成抵抗

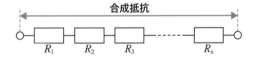

　また,並列につないだときの合成抵抗 $R$ は,

$$\frac{1}{R} = \frac{1}{R_1} + \frac{1}{R_2} + \frac{1}{R_3} + \cdots + \frac{1}{R_n}$$

で求められる。

**電気用図記号と回路図**
抵抗や電池などを表すのに記号を用いることがあり,これを電気用図記号という。これを用いて回路を図示したものを回路図という。

—▭— **抵抗**

—⊢⊣— **電池**
＋　−
極　極

—⊗— **豆電球**

物　理

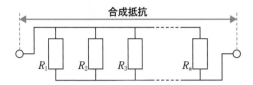

## 並列接続の合成抵抗

〔**例題11**〕　次の回路について，あとの問いに答えよ。

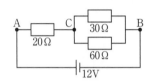

(1)　AB 間の合成抵抗を求めよ。

(2)　30 Ω の抵抗を流れる電流を求めよ。

〔解説〕

(1)　CB 間の合成抵抗（並列接続）を $R$ Ω とすると，

$$\frac{1}{R} = \frac{1}{30} + \frac{1}{60} \ \text{より，} \ R = 20 \, [\Omega]^{※}$$

　　したがって，AB 間の合成抵抗は，20 + 20 = 40 [Ω]

(2)　まず，点 A に流れる電流（$I$）を求めよう。

(1)より，この回路の合成抵抗は 40 Ω なので，オームの法則（$V = IR$）より，

$$12 = I \times 40$$
$$I = 0.3 \, [\text{A}]$$

　　したがって，点 C には回路の A 側より，0.3A の電流が流れ込む。

（※）　これは CB 間の 2 つの抵抗を 1 つの抵抗に置き換えた値。よって，これと AC 間の抵抗は直列接続になっている。

キルヒホッフの第1法則より，$30\,\Omega$ の抵抗に流れる電流を $I_1$，$60\,\Omega$ の抵抗に流れる電流を $I_2$ とすると，

$$0.3 = I_1 + I_2 \quad \cdots ①$$

一方，C から時計回りに $30\,\Omega$，$60\,\Omega$ の抵抗を通って C に戻る回路を考えると，キルヒホッフの第2法則より，

$$I_1 \times 30 - I_2 \times 60 = 0 \quad \cdots ②$$

①②より，$I_1 = 0.2\,[\mathrm{A}]$

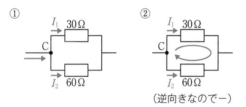

（逆向きなので−）

【別解】

(2)　$20\,\Omega$ の抵抗には $0.3\mathrm{A}$ の電流が流れるので，ここで電位が $0.3 \times 20 = 6\,[\mathrm{V}]$ 下がる。したがって，CB 間にかかる電圧は $12 - 6 = 6\,[\mathrm{V}]$ となる。

C から $30\,\Omega$ の抵抗を通って B に至る場合も電圧降下は $6\mathrm{V}$ となるので，オームの法則より，

$$I_1 \times 30 = 6$$

$$I_1 = 0.2\,[\mathrm{A}]$$

**キルヒホッフの法則**
【第1法則】
回路中のある点に流れ込む電流の総和は，その点から流れ出る電流の総和に等しい。
【第2法則】
回路中を任意に1周してもとの位置に戻る部分について起電力の総和は電圧降下の総和に等しい。

**電圧**
電圧＝電位差である。

## 導体・絶縁体・半導体

電気を通すものを導体，電気を通さないものを絶縁体（不導体）といい，その中間の性質を持つものを半導体という。半導体はパソコンのCPUやLED電球など，さまざまなものに使われている。

導体と絶縁体を用いた装置として，コンデンサーがある。コンデンサーは2つの導体の間に絶縁体を挟んだものであり，両端に電圧をかけても，絶縁体があるためすぐに電流が流れなくなる。このとき，一方の側に＋の電気（電荷）が集まり，＋の電気と－の電気は引き付け合うため，もう一方の側には－の電気（電荷）が集まる。コンデンサーの両端にVの電圧をかけ，Qの電荷が蓄えられたときに，

$$C = \frac{Q}{V}$$

で与えられるCを電気容量という。

〔例題12〕 次の物質のうち，半導体はどれか。

【特別区】

1 ゲルマニウム 2 タングステン

3 銅 4 ニクロム

5 ポリエチレン

〔解説〕

タングステンはかつて電球のフィラメントに用いられていた導体。銅は電線などに用いられる導体。

**半導体**

ケイ素，ゲルマニウム，ガリウムなどが代表的な半導体である。

**コンデンサーの電気用図記号**

**電気容量**

電気容量の単位は〔F〕（ファラド）を使う。

**合成容量**

抵抗と同じように，複数のコンデンサーを接続したとき，それを1つのコンデンサーとみなして，合成容量を計算することができる。合成容量Cの求め方は，抵抗の場合とは逆に次のようになる。

【直列接続の場合】

$$\frac{1}{C} = \frac{1}{C_1} + \frac{1}{C_2} + \frac{1}{C_3} + \cdots + \frac{1}{C_n}$$

【並列接続の場合】

$$C = C_1 + C_2 + C_3 + \cdots + C_n$$

ニクロムは電熱線などに用いられる導体。ポリエチレンは絶縁体。半導体は**1**のゲルマニウムである。

## 2 電流と磁界

### 電流のつくる磁界

　電流が流れている導線に方位磁針を近づけると，方位磁針が振れる。これは，電流によって導線のまわりに磁界（磁場）が発生しているからである。右ねじが進む方向に電流が流れるとき，右ねじを回す方向に磁界が発生する（**右ねじの法則**）。

**磁界（磁場）**
磁石のN極とS極（これらを磁極という）は，空間を通して力を及ぼし合う。このような空間を磁界という。なお，磁界の単位は〔A/m〕を用いる。

### 右ねじの法則

**電流**

**磁界**

ねじの進む向き

ねじを回す向き

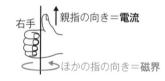

右手

親指の向き＝**電流**

ほかの指の向き＝**磁界**

　また，下図のように，コイルに流れる電流と磁界の向きの関係も右ねじの法則でとらえることができる。

### 右ねじの法則（コイル）

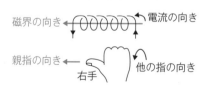

磁界の向き　　　　　　　　　　　電流の向き

親指の向き

右手

他の指の向き

電流のつくる磁界を $H$，電流の大きさを $I$，導線からの距離を $r$ とすると，$H$ は次の式で与えられる。

$$H = \frac{I}{2\pi r}$$

半径 $r$ の円形導線に流れる電流が，その導線の中心につくる磁界は，次の式で与えられる。

$$H = \frac{I}{2r}$$

コイル（ソレノイド）の単位長さ当たりの巻き数を $n$ としたとき，コイル内部の磁界の強さは次の式で与えられる。

$$H = nI$$

**コイル（ソレノイド）**
導線をらせん状に巻いて円筒形にしたもの。単位長さは，通常は1m。

## 電流計と電圧計

回路に流れる電流・電圧を測定する器具を電流計・電圧計という。これらは，電流がつくる磁場によって針が振れ，それを読むしくみになっている。

### 電流計と電圧計の接続方法

電流計（直列に接続）　　電圧計（並列に接続）

左の説明は針式の電流計・電圧計のしくみです。最近はデジタル式のものも多くなっています。

## 交流電流

ここまで扱ってきた電流は，流れる方向が決まっ

ている直流電流である。これに対し，周期的に電
流の流れる方向が変わる電流を交流電流という。
交流電流は，絶えず電流の流れる方向が変化する
ため，電磁誘導を利用して電圧を自由に変えるこ
とができる。

　なお，電圧を変える装置を変圧器という。変圧
器は2つのコイルからなる。

### 変圧器のしくみ

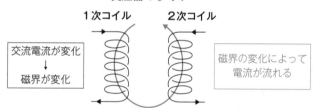

交流電流が変化
↓
磁界が変化

磁界の変化によって
電流が流れる

　1次コイルに流れる電流の電圧を変える。電圧
は2次コイルの巻き数で変えられる。

### 電磁誘導

　コイルのまわりの磁界が変化すると，コイルに
起電力（誘導起電力）が生じ，電流が流れる。こ
の電流を誘導電流という。コイルに流れる誘導電
流の大きさは，磁力線の数の変化が大きいほど，
またコイルの巻き数が多いほど大きくなり（ファ
ラデーの法則），またコイルを貫く磁力線の変化
を妨げる向きに流れる（レンツの法則）。

**TRY!** ▶ **過去問にチャレンジ**

No.1　次の文は，電流に関する記述であるが，文中の空所ア〜ウに該当する語の組合せとして，妥当なのはどれか。　【特別区】

電流の向きは，　ア　の電荷が移動する向きと定められ，自由電子の移動する向きと　イ　になる。電流の大きさは，ある断面を単位時間に通過する電気量で定められ，電流の単位はアンペア，電気量の単位は　ウ　を用いる。

| | ア | イ | ウ |
|---|---|---|---|
| **1** | 正 | 逆 | クーロン |
| **2** | 正 | 同じ | クーロン |
| **3** | 正 | 逆 | ボルト |
| **4** | 負 | 同じ | ボルト |
| **5** | 負 | 逆 | クーロン |

**正答と解説**

**No.1** の解説

電流の向きは，正（ア）の電荷が移動する向きと定められているが，導線の中では実際には自由電子が逆（イ）の向きに流れている。電気量の大きさの単位はクーロン（ウ）。なお，ボルトは電圧（起電力）の単位である。よって正答は**1**である。

## 波動・熱・原子物理

テーマ ★ 04

・波動と単振動の原理を確認し，音や光の現象や
　その特徴について理解を深めよう。
・熱容量の計算や熱力学の基本法則を理解しよう。
・原子の構造と表記のしかたを確認しよう。

## 1　波　動

### 波動

　次図のように，リボンをつけたロープを張って，
その一端を上下に動かしてみよう。

**波動**

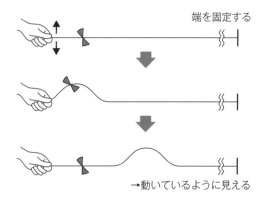

端を固定する

→動いているように見える

　ロープの上下の動きが左から右へ移動している
ように見えるが，リボンやロープ自体は右へ移動
していない。このように振動が周りに伝わってい
く現象を波動（波）といい，振動のもとになる所

**縦波と横波**

媒質の振動方向と波の
進行方向が垂直な関係
にある波を横波とい
い，媒質の振動方向と
波の振動方向が平行な
波を縦波（疎密波）と
いう。左のロープの例
は横波であり，のちに
述べる音は縦波の例で
ある。

縦波はグラフで様子を
観察するのが難しいた
め，波の進行方向への
正の変位を上向きに，
負の向きの変位を下向
きに変換して横波のよ
うにしてグラフ化す
る。

（ここではロープを動かしている所）を波源，振動を伝えるもの（ここではロープ）を媒質という。

## 復元力と単振動

復元力（→ p.18）がはたらく物体は，単振動する。単振動とは，つりあいの位置を中心とした周期的な振動のことをいう。振幅を $A$，周期を $T$，時間 $t$ における変位を $x$ とすると，最も単純な単振動は，$x = A \sin \dfrac{2\pi}{T} t$ で与えられる。

ここで，$\omega = \dfrac{2\pi}{T}$（これを角速度という）と置くと，復元力として $F = - m\omega^2 x$ の力がはたらいているとき，上式のような運動をすることがわかっている。

たとえば，ばね定数 $k$ のばねに質量 $m$ の物体をつるして，ばねを引っ張り，手を離すと物体は単振動する。

**周期・変位・振幅・波長・振動数**
媒質が１回の振動に要する時間を周期〔s〕，振動の中心からのずれを変位〔m〕，変位の最大値を振幅〔m〕，波の繰り返しの最小単位を波長〔m〕，１秒あたりの振動の回数を振動数〔Hz〕という。
振動数 $f$ と周期 $T$ には
$$f = \frac{1}{T}$$
の関係があり，波の速さ $v$ と $f$，波長 $\lambda$ には
$$v = f\lambda$$
の関係がある。

### 復元力と単振動

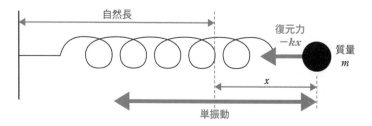

自然長

復元力
$-kx$

質量
$m$

$x$

単振動

この振動では，変位が $x$ のとき復元力 $-kx$ がはたらくので，周期 $T$ は次のようになる。

$$T = \frac{2\pi}{\omega} = 2\pi\sqrt{\frac{m}{k}}$$

この式から，強いばね（$k$ が大きい）ほど速く振動し，おもりが重い（$m$ が大きい）ほど振動はゆっくりになることがわかる。

次に，長さ $l$ の糸に質量 $m$ のおもりをつるしたふりこを考えてみよう。このふりこの振れ幅が $\theta$ のときにふりこにはたらく力は右図のようになる。振れ幅 $\theta$ が十分小さいとき，$\sin\theta = \theta$ と考えてよいので，振れ幅が $x = l\theta$ のときの復元力は，

$$-mg\sin\theta = -mg\theta = -\frac{mg}{l}x$$

となる。よって，周期 $T$ は次のようになる。

$$T = \frac{2\pi}{\omega} = 2\pi\sqrt{\frac{l}{g}}$$

この式から，ふりこの周期はおもりの重さには関係なく，ふりこの長さが長いほど周期が長くなることがわかる。

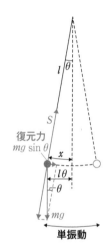

**単振動**

## 音

音は縦波（疎密波）である。気体・液体・固体の中を伝わるが，真空中では伝わらない。空気中で音が伝わる速さはおよそ 340m/s である。

音は耳で聞くことによって確認することができる。振動数が多くなると高い音として聞こえ，振幅が大きくなると大きな音として聞こえる。また，波形が複雑になるとさまざまな音色として認識される。音の高さ・強さ・音色を音の三要素という。

　2つの異なる振動数の音が鳴ると，その振動数の差の音を感じることがある。これを差音という。しかし，人間の耳ではおよそ 20 ～ 20,000Hz の振動しか音として認識できないために，20Hz より小さい“ずれ”は音の強弱の周期として感じられる。これをうなりという。

　また，音源や観測者が動いている場合に，聞こえる音の高さが変化することがある。これをドップラー効果という。救急車が接近してくるときと遠ざかっていくときにサイレンの音の高さが変わって聞こえるのは，ドップラー効果によるものである。音源の振動数を $f_0$，$V$ を音速，$v$ を音源の速度，$u$ を観測者の速度とすると，観測者が聞く音の振動数 $f$ は，

$$f = \frac{V-u}{V-v}f_0$$

で与えられる。ただし $u$，$v$ は音源から観測者へ向かう方向を正とする。

**音速**

空気中を伝わる速さは温度によって異なり，$t$〔℃〕のときの速さ $V$〔m/s〕は，
$V = 331.5 + 0.6t$
である。また，水中での速さはおよそ 1500m/s，鉄の場合は 6000m/s である。

**音の三要素**

音の高さは，耳で音の周期を感じ取って認識するため，周期性があいまいなものや周期性のないもの（爆発音や衝撃音など）は音の高さを感じられないことがある。また，波形の多くは単振動の整数倍（倍音）の音が組み合わさってできており，この原理はシンセサイザーなどの楽器の音づくりに利用されている。

オシロスコープやスマートホンのアプリなどを用いると，音の波形を目で確認することができます。

波は一般に，性質（伝わる速度など）が異なる媒質との境界面で反射したり屈折したりする。また，回折することがあるのも波の特徴である。

音の屈折を体感することは難しいが，反射や回折は容易に感じることができる。特に回折は音に顕著な現象である。

**音の回折**
音の直進を妨げる障害物があるときに，音が回り込んで伝わる現象のこと。

---

〔**例題13**〕 ある音さSを500Hzの音さと同時に鳴らしたところ，7秒間に21回のうなりが聞こえた。次にSと501Hzの音さを用いたら1秒間当たりのうなりの回数が増加した。このときの1秒間当たりのうなりの回数は何回か。 【警視庁・改題】

〔**解説**〕

500Hzの音さと同時に鳴らしたときの1秒間当たりのうなりの回数は，$21 \div 7 = 3$回

よって，音さSの周波数は，

① $500 + 3 = 503Hz$

② $500 - 3 = 497Hz$

のいずれかとなる。

501Hzの音さと鳴らすとうなりは増加したのだから，その回数は，$501 - 497 = 4$回

私たちは無意識のうちに壁や天井などで反射した音を聴いています。周りに何もないところへ2人で行って，相手に空に向かって声を出してもらうと，ほとんど聞こえません。これは音が反射しないからです。

# 光

　光の現象で最も重要なものは**屈折**である。媒質 1，2 の絶対屈折率を $n_1$，$n_2$，媒質 1，2 における光の速さを $c_1$，$c_2$，媒質 1，2 における波長を $\lambda_1$，$\lambda_2$ とすると，媒質 1 に対する媒質 2 の相対屈折率 $n_{12}$ は，次の式で表される。

$$n_{12} = \frac{n_2}{n_1} = \frac{\sin \theta_1}{\sin \theta_2} = \frac{c_1}{c_2} = \frac{\lambda_1}{\lambda_2}$$

### 光の屈折

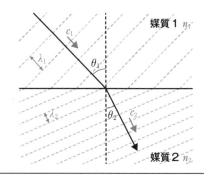

| $\theta_1$：**入射角** | $c_1, c_2$：**速さ** |
|---|---|
| $\theta_2$：**屈折角** | $f$（周波数）は媒質 1，2 で同じ。 |

　光の屈折でもう一つ重要なものは，レンズである。**凸レンズ**は光を集める性質があり，焦点 F と光の関係について，次のような性質がある。
・焦点から出た光は屈折後，光軸に**平行**に進む
・光軸に平行に入った光は屈折して**焦点**を通る
・レンズの中心を通る光は**直進**する

**光**
光は電磁波の一種であり，真空中でも伝わる。光の速さは，真空中では $3.0 \times 10^8$ m である。

**絶対屈折率**
真空に対する屈折率。

**全反射**
左の式で $n_{12} > 1$ が成り立つとき，$\theta_1 = 90°$ となるときの $\theta_2$ の値を臨界角という。この角度より大きい角度で入射すると，光は屈折できず，すべて反射する。これを全反射という。

**電磁波**
電場と磁場の変化が伝播する形で伝わる波を電磁波という（その原理は，p.44「電磁誘導」によって説明できる）。電磁波は波としての性質の他に，粒子としての性質を持つ。電磁波は周波数によって放射線，光，電波（放送などに利用する）などに分類される。ここでは紫外線，赤外線と可視光線を「光」として扱う。

これらの性質を利用して，レンズによる像を作図することができる。

## 凸レンズを通る光

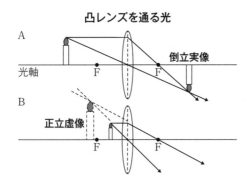

実像と虚像
左図のAのように，焦点Fよりも外側に置いたものの像は反対側に結ぶ。これを実像という。一方，Bのように，焦点Fより内側に置いたものの像はレンズと同じ側にできる。これを虚像という。

正立と倒立
左図のBのようにもとの像と上下が同じ向きのものを正立，Aのように上下がさかさまになるものを倒立という。Aは倒立実像，Bは正立虚像である。

これらのことから，さらに一般化すると次の式が成り立つ。ただし，$f$は焦点距離，$a$と$b$は次図中に示した距離である。

$$\frac{1}{f} = \frac{1}{a} + \frac{1}{b}$$

## 凸レンズの写像公式

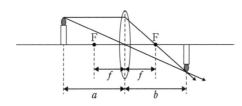

$a > 0$であるが，$b$の値は$a$と同じ側にあると

左の式は，凹面鏡の場合も同じように成り立ちます。

きには負の値とする。$\left|\dfrac{b}{a}\right|$ の値を倍率という。

光はその波長が短いほど屈折率が大きくなる。したがって，プリズムを通すと分散し，波長によって光が分かれる。これをスペクトルという。

また，青い光は散乱が起こりやすい。太陽光のうち青い光は散乱するため，残りの赤い光のみがまっすぐ進む。その結果夕日や朝日は赤くなる。また，晴れた空は散乱した光によって青くなる。

光を光学フィルターに通すなどすると，振動の方向が規則的な光（偏光）を得ることができる。たとえば，偏光サングラスをかけると反射光を避けて水中の様子を見ることができる。立体映画や光磁気ディスクの読みとりにも利用されている。

空が青いのはレイリー散乱によるものと考えられています。一方，雲が白いのはミー散乱の影響であると考えられています。

## 2 熱

### 温度と熱

物質を構成する分子や原子は，目には見えないが，常に振動している。これを熱運動といい，熱運動の激しさの度合いを熱という。

2つの物体があって，接触したときにどちらに熱が移動するか，その方向によって温度が定まる。すなわち，熱は温度の高い方から低い方に移動し，最終的に同じ温度（熱平衡）になる。

温度の単位には℃（セルシウス度，摂氏）がよ

熱とは，熱運動の運動エネルギーのことです。

**摂氏**

水の凝固点を0℃，沸点を100℃として定義された温度の単位。
その他の単位としてはファーレンハイト度（華氏）〔℉〕がある。

く使われるが，分子の運動量が0のときの温度を0〔K〕（ケルビン）と定めた絶対温度も用いられる。摂氏温度 $t$〔℃〕と絶対温度 $T$〔K〕の間には，次の関係がある。

$$T = 273 + t$$

また，0〔K〕を絶対零度といい，これ以上低い温度はこの世では存在しない。

## 熱量

熱の量を熱量という。熱はエネルギーであるから，熱量は他のエネルギー（たとえば運動エネルギーや位置エネルギー）と同じ単位 J（ジュール）を用いる。ただし，慣例的に cal（カロリー）も用いられる。

## 比熱と熱量保存の法則

異なる物質に同じ熱量を与えても，同じだけ温度が上がるとは限らない。ある物体の温度を1℃上げるために必要な熱量を熱容量という。特に，その物質1kgの温度を1℃高めるために必要な熱量を比熱という。比熱の値は物質により異なる。

ほかに外から熱の出入りがない状態で高温の物体と低温の物体を接触させたとき，高温の物体が失った熱量と低温の物体が得た熱量は等しくなる。

**ジュール**
仕事の単位（→ p.29）や電力量の単位（→ p.37）などに用いられる。

**カロリー**
1g の水の温度を1℃上げるために必要な熱量を1cal と定義する。1cal は約4.2J である。

**熱容量**
単位は J/K（あるいは J/℃）である。

**比熱**
単位は J/(kg・K) または，J/(kg・℃) である。主な比熱の値は次の通りである。
水：$4.2 \times 10^3$
エタノール：$2.4 \times 10^3$
氷：$2.1 \times 10^3$
空気：$1.0 \times 10^3$
鉄：$4.5 \times 10^2$
銅：$3.8 \times 10^2$

〔**例題14**〕　200gの水を入れた1,000gの鉄製の容器を熱したところ，水と容器の温度が20℃から50℃になった。鉄の比熱を0.45J/(g·K)，水の比熱を4.2J/(g·K) としたとき，水と容器の得た熱量は合わせていくらになるか。

【警視庁・改題】

〔**解説**〕

まず，水と容器を合わせた熱容量を求める。

水の熱容量は，$200 × 4.2 = 840$〔J/K〕

容器の熱容量は，$1000 × 0.45 = 450$〔J/K〕

したがって，合わせた熱容量は，

$840 + 450 = 1290$〔J/K〕

これを$50 - 20 = 30$度上げるので，必要な熱量は，

$1290 × 30 = 3.87 × 10^4$〔**J**〕

となる。

この問いでは比熱の単位が J/(g·K) になっていることに注意しましょう。

**熱力学の基本法則**

## （1）第一法則

熱と仕事は同じものであるから，「仕事から熱」「熱から仕事」に変換することができ，両者の間ではエネルギーが保存される。

$$\Delta U = Q + W$$

ここで $Q$ は加えた熱量，$\Delta U$ は内部エネルギーの増加量，$W$ は外に行った仕事を表す。

最後に，熱力学の基本法則を確認しましょう。

## （2）第二法則

永久機関は存在しない。これは，「加えた熱源をすべて仕事に変えることはできない（トムソンの原理）」などと言い換えることができる。

 **3  原子と原子核**

 **原子の構造**

原子は，原子核のまわりを電子が回る構造をしており，原子は陽子と中性子からなる。原子核（陽子の数）は元素を規定する。次図の例のように，電子は数が増減してイオンになることがある。

**元素**
個々の元素やイオンの性質については，Chapter 2「化学」を参照。

## イオン化（$^4_2$He の例）

原子核

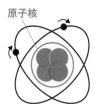

● **陽子** 質量は中性子とほぼ同じ。
電気量 $1.6 \times 10^{-19}$C（クーロン）

● **中性子** 質量は電子の約 1800 倍。
電気量 0

● **電子** 質量 $9.1 \times 10^{-31}$kg
電気量 $-1.6 \times 10^{-19}$C

 **放射線**

　核分裂反応や核融合反応を起こすと，放射線が発生する。放射線には $\alpha$ 線，$\beta$ 線，$\gamma$ 線，その他に X 線や中性子線などがある。$\alpha$ 線は He（ヘリウム）の原子核で電離作用が強いが，透過力は弱く，厚紙程度で遮蔽ができる。$\beta$ 線は電子，$\gamma$ 線と X 線は電磁波である。中性子線は中性子の流れで，透過力が強く鉛板も通す。物質が自然に放射線を出す性質のことを放射能という。

### 原子記号

原子記号は，次の例のように表す。

質量数

235 U
92

元素記号

原子番号
（＝陽子数）

### 同位元素

陽子の数が同じであるが，質量数が異なる元素を，同位元素，同位体あるいはアイソトープという。特に放射能を持つものを放射性同位元素（ラジオアイソトープ）という。
放射性同位元素は放射性崩壊をして放射線を出し，より安定な元素に変わる。

### 半減期

放射性同位元素が崩壊して放射線を出し，もとの数の半分にまで減るのに要する時間。瞬時に半減期を迎えるものから，数億年かかるものまであり，物質によってその期間はさまざまである。
半減期を利用して地層などの年代測定をすることができる。

## TRY! ▶ 過去問にチャレンジ

**No.1**

波の重ねあわせが関係する現象として，最も妥当なのはどれか。
【東京消防庁】

**1** 山に向かって叫ぶと，こだまが返ってくる。

**2** 人の姿は見えないが，塀の向こう側の会話が聞こえる。

**3** 昼間は聞こえない遠くの列車の汽笛が，夜になると聞こえる。

**4** 振動数が等しい2つのおんさの一方を鳴らすと，他方も鳴り出す。

**5** 振動数がわずかに異なる2つのおんさを同時に鳴らすと，周期的にうなって聞こえる。

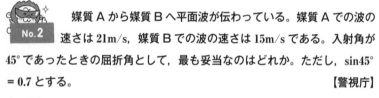

**No.2** 媒質Aから媒質Bへ平面波が伝わっている。媒質Aでの波の速さは 21m/s，媒質Bでの波の速さは 15m/s である。入射角が 45°であったときの屈折角として，最も妥当なのはどれか。ただし，sin45° = 0.7 とする。
【警視庁】

**1** 15°

**2** 30°

**3** 45°

**4** 60°

**5** 75°

**正答と解説**

 **No.1** の解説

**1✗** 叫んだ声が山の斜面に当たって反射するために起こる現象である。

**2✗** 波の回り込む性質（回折）による現象である。

**3✗** 音の伝わる速さが温度によって異なることが原因。昼間は上空より地表付近の気温が高く、夜は放射冷却（p.183）により上空より地表付近の方が気温が低くなる。音の伝わる速度は気温が低いほど遅いので、次図のように夜のほうが遠くの音が回り込みやすくなる。

### 昼と夜の音の伝わり方の違い

【昼間】

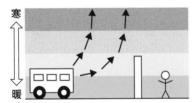

【夜間】

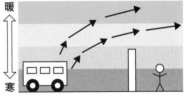

**4✗** 共鳴現象であって、波の重ね合わせではない。

**5○** 2つの周波数の異なる音（波）が重なって生じる現象である。

## No.2 の解説

波の速さ $v$ と振動数 $f$ と波長 $\lambda$ の間には，$v = f\lambda$ の関係が成り立っている。この波の振動数は媒質 A から媒質 B に伝わっても変わらないので，$\lambda_A : \lambda_B = v_A : v_B$ が成り立つ。

よって，媒質 A に対する媒質 B の相対屈折率 $n_{AB}$ は，

$$n_{AB} = \frac{\lambda_A}{\lambda_B} = \frac{v_A}{v_B} = \frac{\sin 45°}{\sin \theta_B}$$

となる（p.51 参照）。したがって，

$$v_A \times \sin \theta_B = \sin 45° \times v_B$$

となる。それぞれの値を代入して，

$$21 \times \sin \theta_B = 0.7 \times 15$$
$$\sin \theta_B = 0.5$$
$$\theta_B = 30°$$

となる。よって，正答は**2**である。

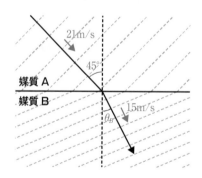

# 化学

★★★

## テーマ 01 基礎理論

・化学の基本法則とその提唱者について確認しよう。
・重要な元素を周期表と結びつけて覚えよう。
・物質の状態変化を用語から理解しよう。
・気体や溶液の計算問題が解けるようになろう。

## 1 化学の基本法則

### 原子・分子の探求の歴史

物質の性質・構造・反応は，現在，原子や分子の概念によって明らかにされているが，この概念が確立するまでには長い年月が必要であった。

古代ギリシャに始まる「四元素説」は，17世紀にいたるまで長くヨーロッパで信じられた。一方，7世紀後半からは錬金術の研究が盛んに行われ，その実験を通して多くの物質の性質に関する知識が蓄積された。また，実験技術が大きく進歩するとともに，頭の中で考えるだけでなく具体的に実験してみるという態度が広まり，現在の化学を支える基本法則が生まれることとなった。

### 化学の基本法則

**(1) 質量保存の法則** ［ラボアジェ，1774年］

フランスのラボアジェは，密閉容器の中で空気とスズを熱する実験・研究から，「物質が化学変化をするとき，反応する前の物質の質量の和と，

**物質と物体**
「物質」はものの材料に着目した言い方で，「物体」はものの形や大きさに着目した言い方である。

**四元素説**
万物の元は火・水・土・風であるとする考え。

**錬金術**
銅や亜鉛などの金属（卑金属）を金や銀（貴金属）に変えようとする試み。
錬金術師たちにより，いろいろな金属を溶かす硫酸や硝酸，アルコールなどが発見され，フラスコや蒸留装置なども発明された。

反応後の物質の質量の和は等しい」という**質量保存の法則**を発見した。

　化学反応においては，原子の組合せが変わることで他の物質に変化するが，原子自体は変化せず，増えたり減ったりしないので，反応前後の質量が変わらない（保存される）のである。これを式で表したものが**化学反応式**である。

質量保存の法則は，化学反応で物質が消滅したり，何もないところから物質が生じたりすることはないということを表しています。

## 化学反応による原子の組合せの変化（メタンの燃焼）

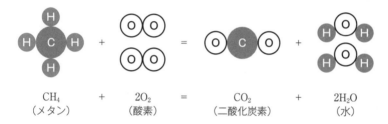

| $CH_4$ | $+$ | $2O_2$ | $=$ | $CO_2$ | $+$ | $2H_2O$ |
|:---:|:---:|:---:|:---:|:---:|:---:|:---:|
| （メタン） | | （酸素） | | （二酸化炭素） | | （水） |

### (2) 定比例の法則 ［プルースト，1799年］

　フランスの**プルースト**は，ある鉱物を分析しているときに，天然のものと実験室で得られたものとがまったく同じ成分を持っていることに気づき，「同じ一つの化合物では，成分元素の質量の割合は，その化合物の生成過程とは無関係に，常に一定である」ことを発見した。

定比例の法則は，現在では当然のことであるといえますが，当時はその正しさをめぐって大論争が起こりました。

### (3) 倍数比例の法則 ［ドルトン，1803年］

　イギリスの**ドルトン**は，化合物の組成についての実験から，「AとBの2つの元素からなる，異

なる2種類以上の化合物があるときは，Aの一定量に対するBの量は，簡単な整数比となる」ことを発見し，原子説と同時に発表した。

**原子説**
すべての物質は原子と呼ばれる粒子からできているというドルトンの説。

## (4) 気体反応の法則 ［ゲーリュサック，1808年］

　フランスのゲーリュサックは，多くの実験の結果，「気体どうしが反応したり，反応の結果気体が生成したりするとき，それらの気体の体積の間には簡単な整数比が成り立つ」ことを見いだした。

## (5) 分子説 ［アボガドロ，1811年］

　イタリアのアボガドロは，「水素や酸素のような単体も，水のような化合物も，気体はすべて分子でできている。分子はいくつかの原子が結合しているもので，反応のとき原子まで分割される」（分子説）と考え，「同温・同圧・同体積の気体中には，気体の種類に関係なく，同数の分子が含まれる」と発表した（アボガドロの法則）。

## 2 原子構造と周期表

### 原子の基本構造

　原子は，すべての物質を構成する最小単位で，中心の原子核と原子核の周りを運動する電子からなる。さらに，原子核は正の電荷を持った陽子と電荷を持たない中性子からなり，一方，電子は負

原子の構造と元素記号については，p.56-57を参照してください。

の電荷を持つ。

## 原子の性質

　化学変化における原子の性質には次のようなものがある。

①原子は，それ以上分けられない。

②原子は，なくなったり，新しくできたり，ほかの種類の原子に変わったりしない。

③原子には，その種類ごとに決まった質量がある。

## 元素記号と原子番号

　物質をつくる元になるものを元素といい，元素は原子の種類を表している。その数は約 120 種類で，そのうち約 90 種類は自然界に存在し，それ以外は人工的につくられたものである。これらの原子はそれぞれ異なる質量や大きさを持ち，元素記号で表される。

　そして，原子核に含まれる陽子の数（＝原子に含まれる電子の数）は元素によって決まっていて，これによって原子の化学的性質が決定づけられている。この数を元素の原子番号という。陽子の数と電子の数は一致しているので，原子番号は電子の数とも等しい。

　また，電子の質量は陽子や中性子の質量の約1840 分の 1 と非常に軽いため，原子の質量は陽

左の原子の性質は，分解などの化学変化（化学反応）におけるものであることに注意しましょう。物理的には，原子もさらに微細な粒子からなることがわかっています。
また，核融合反応により，ニホニウム（原子番号 113）などの新たな原子が人工的につくられています。

元素＝原子の種類を表す語，と理解しておきましょう。

子と中性子の数で比較することができる。そのため，陽子の数と中性子の数の和を質量数という。

## 同位体（アイソトープ）

原子には，陽子の数が同じで，中性子の数だけが違うものが存在する。このような原子どうしを同位体と呼ぶ。同位体の中で，原子核が不安定で，放射線を放出して別の元素の原子核に変化していくものを放射性同位体という。

## 価電子（最外殻電子）

電子は，電子殻といういくつかの層に分かれて存在している。電子殻は，原子核に近い内側から順にK殻，L殻，M殻…と呼ばれ，それぞれに入ることができる電子の数が決まっている。

最も外側の電子殻にある電子（最外殻電子）は，他の原子に最も近づきやすい位置にあるので，電子がイオンになったり，原子どうしが結合したりするときに重要なはたらきをするものがある。このような電子は価電子と呼ばれ，価電子の数が等しい原子どうしは化学的性質が互いによく似ている。

---

**同位体と同素体**
同じ種類の原子でできているが，互いに性質が異なる物質どうしを同素体という。同位体と混同しないようにしよう。

**【同素体の例】**
①硫黄 [S]
斜方硫黄，単斜硫黄，ゴム状硫黄
②炭素 [C]
ダイヤモンド，黒鉛（グラファイト），フラーレン
③酸素 [O]
酸素，オゾン
④リン [P]
黄リン，赤リン，黒リン，紫リン

**電子殻**
それぞれの電子殻に入ることができる最大電子数は，K殻，L殻，M殻の順に$n = 1, 2, 3$として，$2n^2$個である。
K殻：$2 \times 1^2 = 2$
L殻：$2 \times 2^2 = 8$
M殻：$2 \times 3^2 = 18$

**原子核**

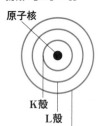

**K殻**
**L殻**
**M殻**

## 価電子の数が等しい元素の例

| フッ素 [F],<br>塩素 [Cl],<br>臭素 [Br],<br>ヨウ素 [I] | 価電子の数が7個で等しく，ハロゲンと呼ばれる。これらの化合物の水溶液に硝酸銀水溶液を加えると，フッ素以外は白色ないし黄色の沈殿を生じる。 |
| --- | --- |
| ヘリウム [He],<br>ネオン [Ne],<br>アルゴン [Ar]<br>など | 貴ガス（希ガス）と呼ばれる。最外殻電子がちょうど定数どおりに埋まっているので，他の原子とほとんど反応せず，1つの原子で安定しているため，価電子は0個と考える。 |

### 周期表

　元素を原子番号の順に並べると，性質のよく似た元素が一定の間隔で周期的に現れる。この規則性を元素の周期律という。前項で学んだ価電子の数もその例の一つである。

　元素を原子番号順に配列し，性質のよく似た元素が同じ縦の列に並ぶようにまとめた表を元素の周期表という。周期表の縦の列は族といい，1〜18族に分類される。周期表の横の行は周期といい，第1〜7周期まである。

　金属元素は表の左下側に，非金属元素は右上側に位置している。一般に，表の左下のものほど陽イオンになりやすく，18族の元素を除き，右上のものほど陰イオンになりやすい性質がある。

1869年，メンデレーエフが元素の周期表を最初に提唱しました。

**同族元素**
周期表の同じ族に属する元素。
1族：アルカリ金属（水素[H]を除く）
2族：アルカリ土類金属
17族：ハロゲン
18族：貴ガス（希ガス）

**遷移元素**
3〜11族の，周期表の規則性に従わない元素。（↔典型元素）

# 周期表

| 周期＼族 | 1 | 2 | 3 | 4 | 5 | 6 | 7 | 8 | 9 | 10 | 11 | 12 | 13 | 14 | 15 | 16 | 17 | 18 |
|---|---|---|---|---|---|---|---|---|---|---|---|---|---|---|---|---|---|---|
| 1 | $^{1}$H | | | | | | | | | | | | | | | | | $^{2}$He |
| 2 | $^{3}$Li | $^{4}$Be | | | | | | | | | | | $^{5}$B | $^{6}$C | $^{7}$N | $^{8}$O | $^{9}$F | $^{10}$Ne |
| 3 | $^{11}$Na | $^{12}$Mg | | | | | | | | | | | $^{13}$Al | $^{14}$Si | $^{15}$P | $^{16}$S | $^{17}$Cl | $^{18}$Ar |
| 4 | $^{19}$K | $^{20}$Ca | $^{21}$Sc | $^{22}$Ti | $^{23}$V | $^{24}$Cr | $^{25}$Mn | $^{26}$Fe | $^{27}$Co | $^{28}$Ni | $^{29}$Cu | $^{30}$Zn | $^{31}$Ga | $^{32}$Ge | $^{33}$As | $^{34}$Se | $^{35}$Br | $^{36}$Kr |
| 5 | $^{37}$Rb | $^{38}$Sr | $^{39}$Y | $^{40}$Zr | $^{41}$Nb | $^{42}$Mo | $^{43}$Tc | $^{44}$Ru | $^{45}$Rh | $^{46}$Pd | $^{47}$Ag | $^{48}$Cd | $^{49}$In | $^{50}$Sn | $^{51}$Sb | $^{52}$Te | $^{53}$I | $^{54}$Xe |
| 6 | $^{55}$Cs | $^{56}$Ba | $^{57-71}$※1 | $^{72}$Hf | $^{73}$Ta | $^{74}$W | $^{75}$Re | $^{76}$Os | $^{77}$Ir | $^{78}$Pt | $^{79}$Au | $^{80}$Hg | $^{81}$Tl | $^{82}$Pb | $^{83}$Bi | $^{84}$Po | $^{85}$At | $^{86}$Rn |
| 7 | $^{87}$Fr | $^{88}$Ra | $^{89-103}$※2 | $^{104}$Rf | $^{105}$Db | $^{106}$Sg | $^{107}$Bh | $^{108}$Hs | $^{109}$Mt | $^{110}$Ds | $^{111}$Rg | $^{112}$Cn | $^{113}$Nh | $^{114}$Fl | $^{115}$Mc | $^{116}$Lv | $^{117}$Ts | $^{118}$Og |

□：金属元素
■：非金属元素

※1：ランタノイド
※2：アクチノイド

黒字：典型元素
赤字：遷移元素

陽イオン
金属性
大←

小←

陰イオン
非金属性
→大

→小

**原子番号1〜20の元素の覚え方**

H He Li Be B C N O F Ne Na Mg Al Si P S Cl Ar K Ca
水 兵 リーベ 僕 の 船 ななまがり シップス クラーク か
(船の進路) (ship's) (船長)

## 3　物質の三態

### 　分子の熱運動と分子間力

　部屋の片隅にある花の香りは，風もないのに部屋全体にただよう。また，角砂糖を水に入れて放置すると，しだいに形がくずれ，やがて水全体に溶けていく。これらの現象は，物質をつくっている粒子（原子，分子，イオン）が常に運動していて，互いに衝突しながら移動していることによって起こる（拡散）。このような粒子の運動は，温度が上がると激しくなるため，熱運動と呼ばれる。

　一方，空気を圧縮しつつ冷却していくと液体空気になり，二酸化炭素を冷却していくと雪状の固体になる。このような現象から，分子どうしは互いに引き合っていることがわかる。この分子どうしの間にはたらく力をまとめて分子間力という。

**拡散**
外部から力を加えなくても，物質が気体や液体の中を自然にゆっくり広がっていく現象。

### 　物質の三態

　物質の三態を，分子の熱運動と分子間力によって説明すると次のようになる。

　**固体**では，分子間の距離が小さく，分子間力によって分子の位置が固定されているが，分子は熱運動によって振動している。

　**液体**では，分子間の距離が小さく，分子間力がはたらいているが，分子は熱運動によって絶えず

**三態**
固体・液体・気体の物質の3つの状態。

移動して，互いの位置が変化している。

　気体では，分子間の距離が大きく，分子間力はほとんどはたらかないので，分子は熱運動によって空間を自由に飛び回っている。

## 三態の変化

　固体が液体になる変化を融解，その逆の変化を凝固という。それぞれの変化が起こる温度を融点，凝固点というが，融解と凝固は同じ温度で起こる。

　液体が気体になる変化を蒸発といい，その逆の変化を凝縮という。蒸発は，液体分子のうち，比較的大きな運動エネルギーを持つ分子が，分子間力を振り切って液面から空間に飛び出していく現象である。さらに，液体内に気泡が発生し，液体内部からも蒸発が起こる現象を沸騰といい，沸騰が起こる温度を沸点という。

　また，固体が液体にならず直接気体になる，あるいは気体が直接固体になる現象を昇華という。

**融解**

熱運動が激しくなり，分子の位置を固定している分子間力に打ち勝って，分子が移動できるようになる現象。

**昇華**

分子間力が比較的小さい分子結晶（ドライアイスやナフタレンなど）に見られる。

一般に，分子間力が大きい物質のほうが，融点・沸点が高くなります。

### 三態の変化

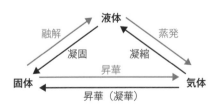

## 水の状態変化

　氷（固体）を温めていくと，やがて水（液体）になり，最後に水蒸気（気体）になる。この状態変化を，加えた熱量の大きさを横軸，温度を縦軸にしたグラフで表すと以下のようになる。

### 水の状態変化

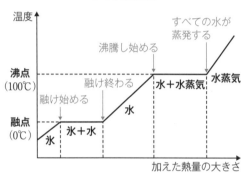

　融点と沸点に当たる温度で，熱を加えているにもかかわらず温度が一定になる，水平な部分が現れる。これは，加えられた熱が融解熱や蒸発熱として吸収されるからである。

　純粋な物質（純物質）は融点や沸点が決まっているため，これと同様なグラフとなる。

**純物質**
単一の物質，つまり，1種類の単体，または1種類の化合物のみからできている物質。

**混合物**
2種類以上の純物質が混ざり合ってできている物質。構成する純物質それぞれの融点・沸点が影響し合うため，一定の融点・沸点を示さない。

## 4 気体の温度・圧力・体積

 **物質量と気体の体積**

　物質を構成する粒子（原子・分子・イオン）は非常に小さいため，質量数 12 の炭素原子 12g 中に含まれる原子の数を 1 つのまとまりとして扱う。この数をアボガドロ数（$6.0 \times 10^{23}$）という。この 1 まとまりを 1 mol（モル）とし，mol を単位として表す物質の量を物質量という。

　原子の質量は，質量数 12 の炭素原子の質量を基準とする相対的な質量（原子量）で表す。同様に，分子の質量は分子量で表す。

　また，アボガドロの法則により，気体の体積は分子の数（物質量）のみに比例するため，標準状態で，1mol の気体の体積は，気体の種類に関係なくほぼ 22.4L である。

 **気体の圧力と体積・温度**

　気体の圧力は，単位時間・単位面積あたりに器壁に衝突する気体分子の数と，気体分子の運動エネルギー（熱運動の速さ）によって決まる。

### （1）ボイルの法則

　温度が一定のとき，気体の体積 $V$ は圧力 $P$ に反比例する。

**原子量**
原子量は比の値なので，単位はない。
（例）
酸素原子 O の原子量：16

**分子量**
分子量は，分子に含まれる原子の原子量をすべて加えた値になる。
（例）
酸素分子 $O_2$ の分子量：$16 \times 2 = 32$

**モル質量**
1mol 当たりの質量をモル質量（g/mol）といい，その値はその物質の原子量または分子量に等しい。

**アボガドロの法則**
→p.64 参照。

**標準状態**
温度が 0℃，圧力が $1.013 \times 10^5$ Pa の状態をいう。

## (2) シャルルの法則

圧力が一定のとき，気体の体積 $V$ は絶対温度 $T$ に比例する。

## (3) ボイル・シャルルの法則

一定量の気体の体積 $V$ は，圧力 $P$ に反比例し，絶対温度 $T$ に比例する。

$$\frac{P_1 V_1}{T_1} = \frac{P_2 V_2}{T_2} \quad [P：圧力，\ V：体積，\ T：絶対温度]$$

### 気体の状態方程式

一定の状態にある気体の質量を増やせば，分子の数が増えるので，全体の圧力が増える。そこで，圧力・体積・温度の関係（ボイル・シャルルの法則）だけでなく，気体の物質量も含めた関係式を気体の状態方程式という。

圧力 $P$〔Pa〕，体積 $V$〔L〕，温度 $T$〔K〕，物質量 $n$〔mol〕の理想気体について，次の式が成り立つ。

$$PV = nRT \cdots ①$$

$$\begin{bmatrix} P：圧力，\ V：体積，\ T：温度，\ n：物質量 \\ R：気体定数（8.31 \times 10^3 \text{〔Pa・L/k・mol〕}） \end{bmatrix}$$

そして，物質量 $n$〔mol〕を，気体の質量 $m$〔g〕，モル質量 $M$〔g/mol〕を用いて表すと，次のようになる。

気体の圧力を高くする方法として，次の3つが考えられる。
①体積を小さくする
＝単位時間当たりの衝突回数が増える
②温度を上げる
＝気体分子の運動が速くなり，衝突回数と器壁を押す力が大きくなる
③気体分子を増やす
＝単位時間当たりの衝突回数が増える

ボイルの法則とシャルルの法則は，ボイル・シャルルの法則に含まれます。

**K（ケルビン）**
→p.54参照。

$$PV = \frac{m}{M}RT \cdots ② \quad [m：質量, \ M：モル質量]$$

## ドルトンの分圧の法則

混合気体において，その全圧は，各気体の分圧の和に等しい。

$$全圧 P = P_A + P_B$$

## ヘンリーの法則

温度が一定のとき，一定量の溶媒に溶ける気体の物質量は，その気体の圧力に比例する。

なお，ヘンリーの法則は「液体に溶ける気体の体積は，溶かしたときの圧力で体積を表すと，圧力によらず一定である」という言い方もできる。

**理想気体**

分子自体は体積を持たず，分子間力がはたらかないため，気体の状態方程式に従うと仮定した気体。高圧・低温になるほど実在気体とのずれが大きくなる。

**気体定数**

ボイル・シャルルの法則の式に標準状態を代入して求められる。
【標準状態】
$T = 273 \ [K] \ (0℃)$
$P = 1.013 \times 10^5 \ [Pa]$
$V = 22.4 \ [L/mol]$

p.73，74の①，②の式の利用により，ある温度・圧力における気体の体積と質量を測定すれば，気体の分子量を求めることができる。

**分圧**

各成分気体が，単独で容器の体積を占めるときに示すと考えられる圧力。

# 5 溶 液

## 溶解度

水に溶質を溶かしていくと、多くの物質はある量までしか溶けない。もうそれ以上、溶質が溶けなくなった溶液を**飽和溶液**という。

一定量の溶媒に溶ける溶質の最大量を、その溶媒に対する溶質の**溶解度**という。固体の溶解度は、飽和水溶液中の溶媒100gに溶ける溶質の質量〔g〕の値で表すことが多い。

温度が高くなると粒子の熱運動は活発になり結晶から抜け出す粒子が増え、同時に溶液中で比較的ゆっくり動いている粒子が減少するため結晶に戻ってくる粒子の数が減少する。そのため、一般に固体の溶解度は、温度が高くなるほど大きくなる。

## 再結晶

少量の不純物を含む固体から、温度による溶解度の違いなどを利用して不純物を取り除き、物質を精製する操作を**再結晶**という。

再結晶の方法には、高温の飽和溶液を冷却する、溶媒を蒸発させて濃縮するなどがある。このとき少量の不純物は溶液中に溶けたまま残るので、析出した結晶はより純度の高いものになる。

**溶解**
溶質が溶媒に溶けて均一に混じりあうこと。

**溶液**
溶解によって生じる均一な液体。

**溶質**
溶媒に溶ける物質。

**溶媒**
物質を溶かす液体。

**飽和溶液**
飽和溶液では、単位時間に結晶から溶け出す粒子の数と結晶表面に戻ってくる粒子の数が等しくなり、見かけ上溶解が止まった状態（溶解平衡）となっている。
飽和溶液では、常に次の式が成り立つ。

$$\frac{溶質の質量}{飽和溶液の質量} = \frac{溶解度〔g〕}{100g + 溶解度〔g〕}$$

 **溶液の濃度**

　溶液中に含まれる溶質の割合を濃度というが，目的に応じて次のような表し方がある。

①質量パーセント濃度〔%〕＝$\dfrac{\text{溶質の質量〔g〕}}{\text{溶液の質量〔g〕}} \times 100$

②モル濃度〔mol/L〕＝$\dfrac{\text{溶質の物質量〔mol〕}}{\text{溶液の体積〔L〕}}$

③質量モル濃度〔mol/kg〕＝$\dfrac{\text{溶質の物質量〔mol〕}}{\text{溶媒の質量〔kg〕}}$

**溶液の質量**
＝溶質の質量
　＋溶媒の質量

液体や固体物質の濃度として一般的によく用いられるのは，質量パーセント濃度です。

 **沸点上昇**

　溶媒に不揮発性の溶質を溶かすと，その溶液の蒸気圧は，何も溶かしていなかった純溶媒の蒸気圧よりも小さくなる（蒸気圧降下）。そのため，溶液の沸点は，純溶媒の沸点より高くなる。この現象を沸点上昇という。沸点の上昇度は，溶液の質量モル濃度に比例する。

**蒸気圧降下**
溶媒に不揮発性の溶質を溶かすと，溶液中では，溶媒だけのときよりも溶媒分子の割合が少なくなる。その結果，気体になる溶媒分子が減少するので，溶液の蒸気圧は低くなる。

**凝固点降下**

　不揮発性の溶質を溶かした溶液の凝固点は，純溶媒の凝固点よりも低くなる。この現象を凝固点降下という。凝固点の降下度は，沸点上昇と同様に，溶液の質量モル濃度に比例する。

**凝固点降下**
たとえば水溶液の場合，溶質粒子があるので，氷の周りの水分子の数が純水の場合に比べて少ない。したがって，凍ろうとする分子を増やすために，0℃よりも温度を下げなくてはならないのである。

## TRY! 過去問にチャレンジ

**No.1** 次のア～オのイオンまたは分子のうち、それぞれ1個に含まれる電子の数が10個のものを選んだ組合せはどれか。　【特別区】

ア　$Cl^-$　　イ　$CO_2$　　ウ　$H_2O$　　エ　$N_2$　　オ　$NH_4^+$

**1** ア，ウ

**2** ア，エ

**3** イ，エ

**4** イ，オ

**5** ウ，オ

**No.2** 単体のナトリウム23gを酸化して酸化ナトリウムとした。すべてが次の反応式に基づいて反応したとすると、酸化ナトリウムは何g生成するか。ただし、原子量が必要な場合は次の値を用いよ。O = 16、Na = 23　【地方初級】

$4Na + O_2 \rightarrow 2Na_2O$

**1** 27g

**2** 31g

**3** 39g

**4** 47g

**5** 55g

**No.1** の解説

イオンや分子に含まれる電子の総数は，次のようにして求める。

---

①分子に含まれる電子の総数は，「構成する原子の陽子の数＝原子番号」
　の総数である。
②イオンに含まれる電子の総数は，
　陽イオン：「構成する原子の陽子の数＝原子番号」－「イオンの価数」
　陰イオン：「構成する原子の陽子の数＝原子番号」＋「イオンの価数」

---

　これにより，**ア〜オ**のイオンや分子 1 個に含まれる電子の数は，以下のようになる。なお，各元素の原子番号は $_1H$, $_6C$, $_7N$, $_8O$, $_{17}Cl$ である。

**ア**　$Cl^-$（塩化物イオン）： $17 + 1 = 18$

**イ**　$CO_2$（二酸化炭素）： $6 + 8 \times 2 = 22$

**ウ**　$H_2O$（水）： $1 \times 2 + 8 = 10$

**エ**　$N_2$（窒素）： $7 \times 2 = 14$

**オ**　$NH_4^+$（アンモニウムイオン）： $7 + 1 \times 4 - 1 = 10$

　したがって，正答は **5** である。

化　学

**No.2 の解説**

　与えられた化学反応式において，それぞれの物質の原子量・分子量は，

Na = 23，　$Na_2O = 23 \times 2 + 16 = 62$ となる。

　生成する酸化ナトリウムを $x$ g として，比をとると，

$$4Na \ + \ O_2 \ \rightarrow \ 2Na_2O$$
$$4 \times 23 \qquad : \ 2 \times 62$$
$$23g \qquad : \quad xg$$

　よって，

$$4 \times 23 : 2 \times 62 = 23 : x$$
$$x = 31 \ (g)$$

となる。　　したがって，正答は **2** である。

【別解】

　化学反応式の係数を見ると，ナトリウム 4mol から酸化ナトリウム 2mol

が生成されることがわかる。ナトリウム 23g は $\dfrac{23}{23} = 1$ より，1mol であるから，

これから生成する酸化ナトリウムは，

$$\frac{2}{4} = \frac{1}{2} \ \mathrm{mol} = 62 \times \frac{1}{2} = 31 \ (g)$$

# 02 物質の変化

★★

・酸と塩基の定義，性質，強さ，価数を理解しよう。
・中和反応の意義を確認し，中和滴定の計算や指示薬の変化を理解しよう。
・酸化と還元の意味を理解しよう。

## 1 酸と塩基

### 酸と塩基の定義

食酢の主成分である酢酸（$CH_3COOH$）や，胃液に含まれる塩酸（$HCl$）は，水溶液がマグネシウムなどの金属と反応して水素を発生したり，青色リトマス紙を赤くしたりする。このような性質を酸性といい，化合物のうち，その水溶液が酸性を示すものが酸である。

19世紀に，酸性の原因物質は水素であるとわかったが，水素を構成要素として持つすべての化合物が酸性を示すわけではない。そこで，酸は「水溶液中で電離して水素イオン（$H^+$）を生じる物質」，塩基は「水溶液中で電離して水酸化物イオン（$OH^-$）を生じる物質」と定義されている（アレーニウスの定義）。また，「水素イオンを他に与える物質が酸であり，水素イオンを受け取る物質が塩基である」とも定義される（ブレンステッド・ローリーの定義）。

酸を特徴づける元素として，当初「酸素」が考えられ，「酸の素＝酸素」という誤解が生じたといわれます。

メタン（$CH_4$）やエタノール（$C_2H_5OH$）は水素原子を持っていますが，水溶液は酸性を示しません。

**アルカリと塩基**

この2語はあまり区別しないで用いられる。また，$NaOH$ や $KOH$ など，塩基のうち水によく溶けるものに限定してアルカリということもある。

## 酸・塩基の価数

　酸と塩基は価数によって分類できる。酸1分子の中に含まれる，$H^+$になり得る水素原子の数を，その酸の価数という。同様に，塩基1分子が受け取り得る$H^+$の数を，その塩基の価数という。

## 酸・塩基の強さ

　酸と塩基は強弱によっても分類される。酸や塩基が水に溶けると一部が電離するが，電離する割合を電離度という。電離度が大きい酸・塩基を強酸・強塩基，小さいものを弱酸・弱塩基という。

　強酸・強塩基は，実際はほぼ全部電離していて，電離度は1に近い。

$$電離度\ \alpha = \frac{電離した電解質の物質量〔mol〕}{溶かした電解質の全物質量〔mol〕}$$

## 水素イオン指数

　水溶液中の水素イオン濃度$[H^+]$と水酸化物イオン濃度$[OH^-]$の積（水のイオン積）は，常温では$1 \times 10^{-14} (mol/L)^2$となり，一定である。

　$[OH^-]$よりも$[H^+]$が大きい状態が酸性の水溶液で，その反対が塩基性の水溶液である。中性とは両者が等しい場合で，それぞれのモル濃度がともに常温で$1 \times 10^{-7} mol/L$ということになる。

---

**酸・塩基の価数**
【酸】
1価：塩酸（HCl）
　　　硝酸（$HNO_3$）
2価：硫酸（$H_2SO_4$）
3価：リン酸（$H_3PO_4$）
【塩基】
1価：水酸化ナトリウム（NaOH），水酸化カリウム（KOH）
2価：水酸化カルシウム〔$Ca(OH)_2$〕，水酸化バリウム〔$Ba(OH)_2$〕
3価：水酸化アルミニウム〔$Al(OH)_3$〕
（$OH^-$を含む塩基は，$OH^-$の数が塩基の価数となる）

**酸・塩基の強さ**
【強酸】
塩酸（HCl），
硝酸（$HNO_3$），
硫酸（$H_2SO_4$）
【弱酸】
酢酸（$CH_3COOH$），
リン酸（$H_3PO_4$）
【強塩基】
水酸化ナトリウム（NaOH），水酸化カリウム（KOH），水酸化カルシウム〔$Ca(OH)_2$〕，水酸化バリウム〔$Ba(OH)_2$〕
【弱塩基】
アンモニア（$NH_3$），水酸化アルミニウム〔$Al(OH)_3$〕
（酸・塩基の強弱は価数とは無関係である）

水素イオン濃度 $[H^+]$ の値の 10 の累乗の肩の数字を符号を逆にして用いて，酸性・塩基性の強さを表したものが水素イオン指数（pH）である。pH を簡単に知る方法として指示薬が利用される。

$pH = -\log_{10}[H^+]$
酸性：$0 \leqq pH < 7$
中性：$pH = 7$
塩基性：$7 < pH \leqq 14$

## 代表的な指示薬の変色域

| メチルオレンジ | **変色域**：pH3.1 ～ 4.4<br>**酸性**：赤　**中性～塩基性**：黄 |
|---|---|
| メチルレッド | **変色域**：pH4.2 ～ 6.2<br>**酸性**：赤　**中性～塩基性**：黄 |
| ブロモチモールブルー（BTB） | **変色域**：pH6.0 ～ 7.6<br>**酸性**：黄　**中性**：緑　**塩基性**：青 |
| フェノールフタレイン（PP） | **変色域**：pH8.0 ～ 9.8<br>**酸性～中性**：無色　**塩基性**：赤 |

## 2 中和反応

### 中和反応の本質と量的関係

　酸の出す $H^+$ と塩基の出す $OH^-$ が反応して水ができ，酸の性質と塩基の性質が打ち消される反応を中和という。中和では，酸の $H^+$ と塩基の $OH^-$ の物質量が等しいときに過不足なく反応する。

**中和反応の量的関係式**

酸の価数×濃度×体積＝塩基の価数×濃度×体積
（計算時に酸・塩基の価数を忘れがちなので要注意。）

**中和反応**
$H^+ + OH^- \rightarrow H_2O$

**イオンの物質量の求め方の例**
0.2mol/L の硫酸（$H_2SO_4$）20mL に含まれる $H^+$ の量は，

$$2 \times 0.2 \times \frac{20}{1000}$$
$$= 0.008\,(mol)$$
です。

**塩**

酸から生じる陰イオンと，塩基から生じる陽イオンが結合して生じる物質を塩という。なお，塩は中和以外の反応（酸＋金属など）でも生じる。

$$酸 ＋ 塩基 → 塩 ＋ 水$$

塩の水溶液が酸性・塩基性・中性のいずれを示すかは，中和した元の酸・塩基の組合せによって決まる。

| | |
|---|---|
| 強酸 ＋ 強塩基 → 中性 | …NaCl，KNO₃ |
| 強酸 ＋ 弱塩基 → 酸性 | …CuSO₄，MgCl₂ |
| 弱酸 ＋ 強塩基 → 塩基性 | …Na₂CO₃ |
| 弱酸 ＋ 弱塩基 → 中性 | …CH₃COONH₃ |

 **中和滴定**

中和反応を利用して，濃度のわからない酸または塩基の水溶液の濃度を求める操作を中和滴定という。$H^+$ と $OH^-$ が過不足なく反応する中和点は，指示薬の色の変化で判定する。そして，中和反応の量的関係式を利用して，試料である酸または塩基の水溶液の濃度を計算で求める。

試薬を滴下していくときの，滴下量と pH の値の関係を表したグラフを中和の滴定曲線という。

**【化学式と物質名】**
NaCl：塩化ナトリウム
KNO₃：硝酸カリウム
CuSO₄：硫酸銅（Ⅱ）
MgCl₂：塩化マグネシウム
Na₂CO₃：炭酸ナトリウム
CH₃COONH₃：酢酸アンモニウム

**滴定曲線**
**【強酸＋強塩基】**
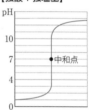

**【弱酸＋強塩基】**
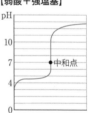

**【弱塩基＋強酸】**
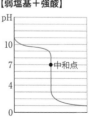

## 3 酸化・還元

### 酸化・還元の定義

　ある物質が酸素と結びついたとき，「物質は酸化された」といい，その変化を酸化という。

酸化によってできる生成物を酸化物といいます。

> （例）銅の酸化
> $2Cu + O_2 \rightarrow 2CuO$ …①

　一方，酸化物が酸素を失ったとき，「物質は還元された」といい，その変化を還元という。

> （例）酸化銅の還元
> $CuO + H_2 \rightarrow Cu + H_2O$

　また，硫化水素（$H_2S$）と酸素（$O_2$）の反応は，
$$2H_2S + O_2 \rightarrow 2S + 2H_2O$$
となる。酸素との反応なので，これも酸化反応であると考え，「酸化は水素を失う反応」でもあると定義されるようになった。

　さらに，熱した銅を塩素（$Cl_2$）を満たしたフラスコに入れてみると，次の反応が起こる。
$$Cu + Cl_2 \rightarrow CuCl_2 \cdots ②$$
　ここで，$Cu$ に着目して反応前後を比べてみると，②は $Cu$ が電子（$e^-$）2個を失う点で①と同じである。そこで，電子のやり取りが酸化と同じであれば酸素が関わらない反応も酸化とみなすことになり，「酸化は反応にかかわらず原子が電子

空気中で銅（$Cu$）を加熱すると，酸化して黒色の酸化銅（Ⅱ）$CuO$ ができる。

水素（$H_2$）が入った試験管の中に，加熱して黒色になった酸化銅（$CuO$）を入れると，還元されて赤色の銅（$Cu$）に戻る。一方，水素と酸素が結びついて水（$H_2O$）になり，試験管の内側に水滴がつく。

$Cu \rightarrow Cu^{2+} + 2e^-$

を失うことである」という定義に広げられた。

　したがって，2つの物質の間で「酸素原子・水素原子または電子のやり取り」が行われている反応を，一般に酸化還元反応という。

酸化と還元は同時に起こります。化学反応において，酸化される物質があれば，必ず還元される物質もあるのです。

### 酸化還元反応

|  | 酸素原子 | 水素原子 | 電子 |
|---|---|---|---|
| 酸化 | 得る | 失う | 失う |
| 還元 | 失う | 得る | 得る |

### 酸化数

　物質の酸化・還元を判定するとき，上記の定義のうちどれを当てはめるべきか迷う場合が多い。そこで，酸化数という考えが導入され，「酸化数が増加すれば酸化，減少すれば還元」と決められた。具体的には，酸化数は次のようになる。

化合物や多原子イオンの中に酸化数がわからない原子があるときには，次の総和の法則によって求めることができる。
①化合物中の原子の酸化数の総和は0。
②多原子イオンの価数とその成分原子の酸化数の総和は等しい。

---

① 単体の原子の酸化数＝0

② 化合物中の水素の酸化数＝＋1

③ 化合物中の酸素の酸化数＝－2

④ 単原子イオンの酸化数＝イオンの価数

---

### 酸化剤と還元剤

　酸化剤は，反応相手を酸化する物質で，自身は還元され，かつ，他の分子などから電子を奪いや

すい性質を持つ。そして，反応時に酸化数が減少する。

　還元剤は，反応相手を還元する物質で，自身は酸化され，かつ，電子を放出しやすく，反応時に酸化数が増加する。

**代表的な酸化剤**
過マンガン酸カリウム
（$KMnO_4$）
二クロム酸カリウム
（$K_2Cr_2O_7$）

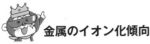

## 金属のイオン化傾向

　硫酸銅（Ⅱ）（$CuSO_4$）の水溶液中に鉄を入れると，鉄の表面に銅が析出する。このような現象は，より還元されやすい金属が電子を受け取り，相手方の金属が電子を放出して酸化され，陽イオンになったと考えられる。

　この金属の陽イオンになろうとする性質をイオン化傾向という。イオン化傾向の強さの順がイオン化列である。金属の反応性は，イオン化傾向の大きさの違いでほぼ決まり，大きいほど電子を失いやすく（酸化されやすく），反応性が大きい。

イオン化列は，水溶液の濃度や温度などの条件で，順序が入れ替わることがあります。

水素は金属ではないが，陽イオンになるので，比較のためにイオン化列に含められている。

## イオン化列

| Li K Ca Na Mg Al Zn Fe Ni Sn Pb （H₂） Cu Hg Ag Pt Au |
|---|
| 大　←──────── イオン化傾向 ────────→ 小 |

Li（リチウム），K（カリウム），Ca（カルシウム），Na（ナトリウム），Mg（マグネシウム），Al（アルミニウム），Zn（亜鉛），Fe（鉄），Ni（ニッケル），Sn（スズ），Pb（鉛），$H_2$（水素），Cu（銅），Hg（水銀），Ag（銀），Pt（白金），Au（金）

## 電気分解

電解質の水溶液に電極を入れ電流を通じて行う電気分解では，電極界面で電子の授受を伴った反応＝酸化還元反応が起こっている。すなわち，電極物質，電解質の中で最も酸化されやすい物質が陽極へ電子を放出し，最も還元されやすい物質が陰極から電子を受け取るのである。

たとえば，塩化銅（Ⅱ）水溶液（$CuCl_2$）に2本の白金電極（Pt）を入れ，外部電源につなぐと，陽極に塩素（$Cl_2$）が発生し，陰極に銅（Cu）が析出する。

| | | |
|---|---|---|
| **陽極** | $2Cl^- \rightarrow Cl_2 + 2e^-$ | （酸化） |
| **陰極** | $Cu^{2+} + 2e^- \rightarrow Cu$ | （還元） |

### 電気分解

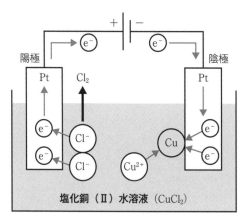

塩化銅（Ⅱ）水溶液（$CuCl_2$）

**陽極**
電源の正極につないだ電極。

**陰極**
電源の負極につないだ電極。

電池は，酸化還元反応を利用して化学反応のエネルギーを電気エネルギーに変える装置です。

化　学

**No.1** 次は，水素イオン濃度［$H^+$］と水素イオン指数（pH）に関する記述であるが，A～Dに当てはまるものの組合せとして最も妥当なものはどれか。 【国家Ⅲ種／中途採用者】

水溶液の酸性・塩基性は，水素イオン濃度［$H^+$］〔mol/L〕で表すことができ，酸性・塩基性の度合いを簡単な数の値で表すため pH が一般に用いられている。pH の値が2だけ大きくなると，水素イオン濃度［$H^+$］は A になる。

25℃の純水の pH の値は7とされるが，その純水を空気中に放置すると， B が溶け込み，電離するため，pH の値は7よりも C 。ゆえに，大気中の B が溶け込む雨も弱い酸性を示すこととなるが，いわゆる酸性雨では大気中の D などが多く溶け込んだ結果，pH の値はさらに C 。

|   | A | B | C | D |
|---|---|---|---|---|
| **1** | 100分の1 | 二酸化炭素（$CO_2$） | 小さくなる | 二酸化硫黄（$SO_2$） |
| **2** | 100分の1 | 窒素（$N_2$） | 大きくなる | 一酸化窒素（NO） |
| **3** | 100倍 | 二酸化炭素（$CO_2$） | 大きくなる | 一酸化窒素（NO） |
| **4** | 100倍 | 二酸化炭素（$CO_2$） | 大きくなる | 二酸化硫黄（$SO_2$） |
| **5** | 100倍 | 窒素（$N_2$） | 小さくなる | 一酸化窒素（NO） |

**No.2** 次の化学反応のうち，酸化も還元も起こっていないものはどれか。 【市役所】

1　アンモニア $NH_3$ が分解して水素 $H_2$ と窒素 $N_2$ になる。

2　無色の一酸化窒素 $NO$ が変化して赤褐色の二酸化窒素 $NO_2$ になる。

3　無色の四酸化二窒素 $N_2O_4$ が変化して赤褐色の二酸化窒素 $NO_2$ になる。

4　触媒のもとでアンモニア $NH_3$ が酸素と反応して硝酸 $HNO_3$ を生じる。

5　触媒のもとで窒素 $N_2$ と水素 $H_2$ が反応してアンモニア $NH_3$ を生じる。

## 正答と解説

### No.1 の解説

　水溶液の酸性・塩基性の強さは水素イオン濃度 $[H^+]$ で知ることができる。ただ、水素イオン濃度は値が小さく扱いにくいので、水溶液の酸性・塩基性の度合いを表すものとして水素イオン指数（pH）が用いられている。pH ＝ 7 で中性、7 より pH の値が小さければ酸性、7 より大きければ塩基性である。

　pH の値が 2 だけ大きくなると、$[H^+]$ と pH の関係式 $[H^+] = 10^{-pH}$ から $[H^+]$ は $10^{-2}$ ＝ <u>100 分の 1（**A**）</u>になる。

　また、水を空気中に放置すると、空気中の<u>二酸化炭素（$CO_2$）（**B**）</u>が溶け込み、

$$CO_2 + H_2O\,(\rightarrow H_2CO_3)\ \rightarrow\ H^+ + HCO_3^-$$

のように電離し $[H^+]$ が大きくなるので、pH の値は 7 よりも<u>小さくなる（**C**）</u>。

　一般に、雨には大気中の $CO_2$ が溶け込み pH が 5.6 程度の弱酸性を示す。一方、人間の活動によって排出された窒素酸化物や<u>二酸化硫黄（$SO_2$）（**D**）</u>などの硫黄酸化物が大気中の水や酸素と反応して硝酸や硫酸を生じ、これらの酸が溶け込み、pH が 5.6 より小さくなった雨が酸性雨である。

　よって、正答は **1** である。

### No.2 の解説

　化学反応における酸化・還元の有無を調べるには，特定の原子に着目して，酸化数の変化を調べればよい。その酸化数が増加していれば酸化，減少していれば還元，酸化数の変化がなければ酸化も還元も起こっていないことがわかる（酸化数の決定方法については p.85 とその補足を参照のこと）。本問では，窒素 N 原子の酸化数に着目すると，

**1** $2NH_3 \rightarrow N_2 + 3H_2$ 　　　　　　　　N：$-3 \rightarrow$ 　0　酸化
**2** $2NO + O_2 \rightarrow 2NO_2$ 　　　　　　　　N：$+2 \rightarrow +4$　酸化
**3** $N_2O_4 \rightarrow 2NO_2$ 　　　　　　　　　　N：$+4 \rightarrow +4$　変化なし
**4** $NH_3 + 2O_2 \rightarrow HNO_3 + H_2O$ 　　N：$-3 \rightarrow +5$　酸化
**5** $N_2 + 3H_2 \rightarrow 2NH_3$ 　　　　　　　　N：　$0 \rightarrow -3$　還元

　よって，正答は **3** である。

★★

## テーマ 03 無機物質

- 典型金属元素の性質を理解しよう。
- 非金属元素の単体と化合物の特徴を確認しよう。
- 金属イオンの検出のための試料と沈殿の色、炎色反応の色を整理しよう。

---

## 1 典型金属元素

 **金属元素の特徴**

金属元素は、金属光沢があり、展性・延性に富み、電気と熱の伝導性が極めて大きいという特徴がある。一般に、密度が大きく、融点は高い。化合物をつくるとき、価電子を放出して、陽イオンになる。水銀だけが常温（25℃付近）で液体であり、そのほかの金属は常温で固体である。

 **アルカリ金属**

アルカリ金属は、最外殻の電子が1個で、結合する相手の原子に、その1個の電子を渡して1価の陽イオンになりやすい。単体は密度が小さく、軟らかくて融点が低い。常温で水と激しく反応して酸素を発生し、強塩基性の水酸化物になる。

---

金属元素と非金属元素については、p.68の周期表を参照してください。

**展性**
たたくと広がる性質。

**延性**
引っ張ると延びる性質。

**アルカリ金属**
1族のリチウム Li 以下。

最外殻電子が原子核から遠くなるほど外れやすくなるので、原子番号が大きくなるほど陽イオンになりやすく、反応性も高い。

## （1）水酸化ナトリウム NaOH

　白色の固体で，放置すると空気中の水蒸気を吸収して自ら溶ける（潮解性）。水溶液は強い塩基性。工業的には，塩化ナトリウム水溶液の電気分解でつくられる。苛性ソーダともいう。

## （2）炭酸水素ナトリウム NaHCO$_3$

　白色の粉末で，酸を加えても熱しても二酸化炭素を発生するので，ふくらし粉や発泡性入浴剤として利用される。水溶液は弱塩基性。

**アンモニアソーダ法**
NaClの飽和水溶液にNH$_3$とCO$_2$を吹き込むとNaHCO$_3$が沈殿し，これを集めて焼く精製法。

## （3）炭酸ナトリウム Na$_2$CO$_3$

　水溶液から析出した結晶は水和水を持つが，空気中に放置しておくとその一部を失って白色粉末状になる（風解）。工業的には，アンモニアソーダ法（ソルベー法）でつくられ，ガラスや洗剤などの原料に用いられる。

**炭酸ナトリウム＋水和物**
Na$_2$CO$_3$·10H$_2$O

## アルカリ土類金属

　アルカリ土類金属は，2族元素のうち，ベリリウム Be とマグネシウム Mg 以外の元素のことである。最外殻の電子が2個で，2価の陽イオンになりやすい。単体は常温で水と反応して強塩基性の水酸化物を生じる。

ベリリウムBeとマグネシウムMgがアルカリ土類金属に属さないのは，炎色反応を示さないなど，ほかの元素とは性質の違う点が多いからです。

## (1) 炭酸カルシウム $CaCO_3$

石灰石や大理石の主成分で，加熱すると分解して二酸化炭素を生じ，酸化カルシウム（CaO）（生石灰）になる。

石灰石はわが国で自給できる数少ない資源である。

## (2) 酸化カルシウム（生石灰）$CaO$

水と反応して多量の熱を発生し，水酸化カルシウム $Ca(OH)_2$（消石灰）になる。

$CaO + H_2O \rightarrow Ca(OH)_2$ の発熱が弁当を温かくするのに利用されている。

## (3) 水酸化カルシウム（消石灰）$Ca(OH)_2$

水に少し溶け，弱塩基性を示す。飽和水溶液（石灰水）に二酸化炭素を吹き込むと $CaCO_3$ ができ，白く濁る。この反応は二酸化炭素の検出に利用される。

石膏は硫酸カルシウム二水和物 $CaSO_4 \cdot 2H_2O$ のことで，ギブスや塑像制作に用いられます。

## (4) 硫酸バリウム $BaSO_4$

水に極めて溶けにくいので，X線撮影の造影剤として利用されている。

## その他の典型金属元素

### (1) 亜鉛 $Zn$

2個の価電子を持ち，2価の陽イオンになりやすい両性元素。単体は，空気中では表面に酸化被膜をつくり内部を保護する。

**両性元素**
酸とも塩基とも反応する，亜鉛 $Zn$ やアルミニウム $Al$ などの金属。

## (2) アルミニウム Al

　3個の価電子を持ち、3価の陽イオンになりやすい両性元素。ボーキサイトからつくった酸化アルミニウム $Al_2O_3$ の溶融塩電解により製造され、単体をつくるには多量の電気を必要とする。

## (3) 酸化アルミニウム $Al_2O_3$

　アルミナとも呼ばれ、融点が高い（2,054℃）。

---

## 2　非金属元素

### 水素（1族）と貴ガス（18族）

　水素 $H_2$ は、無色無臭、常温で最も軽い気体で、空気中では青い炎をあげて燃焼し、水を生成する。爆発性がある。水の電気分解や、亜鉛 Zn や鉄 Fe などの金属に塩酸や硫酸を加えてつくる。

　貴ガス（希ガス）（He, Ne, Ar, Kr, Xe, Rn）は無色無臭で、空気中にわずかに存在する単原子分子の気体である。価電子0で極めて安定で、まず化合物をつくらず、不活性気体ともいわれる。

> 水素は、単体として宇宙に最も多く存在する。しかし、地球上の自然界では、水 $H_2O$ として多く存在する。

### 炭素とケイ素（14族）

#### (1) 炭素 C

　炭素には、硬くて融点が高いダイヤモンド、軟らかくて電気伝導性がある黒鉛（グラファイト）

> 炭素には、フラーレン、グラフェン、カーボンナノチューブと呼ばれる同素体もあります。

などの同素体がある（→ p.66 側注参照）。

- **二酸化炭素** $CO_2$…無色無臭の気体で，水に溶けて弱酸性を示し，塩基と反応して塩をつくる。石灰水に通すと炭酸カルシウムの沈殿を生じ白濁する（→ p.94）。
- **一酸化炭素** CO…無色無臭で，水に溶けにくい猛毒の気体である。空気中で青白い炎を出して燃え，$CO_2$ になる。

## (2) ケイ素 Si

結晶は金属光沢があり，硬くて融点も高い。高純度のケイ素は半導体の材料として用いられる。

- **二酸化ケイ素** $SiO_2$…シリカとも呼ばれ，自然界に水晶，石英，ケイ砂として存在する。

## 窒素とリン（15 族）
## (1) 窒素 N

$N_2$ は無色無臭の気体で，非常に安定した物質であり，大気の約 78％を占める。

- **アンモニア** $NH_3$…無色で刺激臭を持つ，空気より軽い気体。水に溶けやすく，水溶液は弱塩基性を示す。
- **窒素酸化物** $NO_x$…窒素酸化物はいずれも酸性雨の原因となる。
- **硝酸** $HNO_3$…無色刺激臭の強い酸性を示す液体。酸化力が強く，銅 Cu や銀 Ag などを溶かす。

**二酸化炭素** $CO_2$
赤外線を吸収して，気温を上昇させる（温室効果）。固体（ドライアイス）は昇華する。

**ケイ素** Si
地殻中に酸素に次いで多く存在するが，その単体は自然界には存在せず，$SiO_2$ を還元してつくる。シリコンとも呼ばれる。

**二酸化ケイ素** $SiO_2$
反応性に乏しいが，HFの水溶液には溶ける。高純度のものは石英ガラスと呼ばれ，光ファイバーなどに利用されている。

**アンモニア** $NH_3$
工業的には，鉄を主成分とする触媒を用いて，窒素と水素から直接合成される（**ハーバー・ボッシュ法**）。

**窒素酸化物** $NO_x$
無色無臭で水に溶けにくい気体である一酸化窒素 NO は，空気に触れると，赤褐色・刺激臭の有毒な気体である二酸化窒素 $NO_2$ が生じる。

火薬や, 染料などをつくるのにも用いられるが, 光によって分解するため, 褐色びんに入れて保存する。

## (2) リン P

　黄リンや赤リンなどの同素体がある（→ p.66 側注参照）。特に黄リンは有毒であり, 空気中で自然発火するので, 水中に保存する。

・**十酸化四リン** $P_4O_{10}$…白色結晶で, 吸湿性が高く, 乾燥材として用いられる。黄リンが燃焼すると生成する。

## 酸素と硫黄（16族）

### (1) 酸素 O

　$O_2$ は大気中の約 21 % を占めており, 活性に富み, 多くの元素と結びついて**酸化物**をつくり, 多くの生物の生命活動を支えている。

・**オゾン** $O_3$…$O_2$ の同素体（→ p.66 側注参照）。淡青色特異臭の有毒な気体で, 強い酸化力を持ち, 殺菌力がある。

### (2) 硫黄 S

　火山の噴気孔付近に単体として産出する。

・**二酸化硫黄** $SO_2$…無色で刺激臭のある有毒な気体。亜硫酸ガスとも呼ばれ, 還元力があり, 漂白作用も示す。

- **硫化水素** $H_2S$…無色で腐卵臭の気体で，水に溶けて弱酸性を示す。空気よりも重く，有毒。多くの重金属イオンと反応して沈殿を生成する。
- **硫酸** $H_2SO_4$…濃硫酸は無色でねばりけのある，沸点の高い不揮発性の液体で，吸湿性が強く乾燥剤として用いられる。

**硫酸**
加熱すると(熱濃硫酸)大きな酸化力を持ち，銅や銀を溶かすことができる。また，脱水作用がある。工業的には，$SO_2$ を触媒($V_2O_5$)を用いて酸化して生成する(接触法)。

# ハロゲン (17族)

　ハロゲン元素の単体は価電子が7個で1価の陰イオンになりやすい。単体は2原子分子からなり，反応性に富み酸化剤としてはたらき，多くの元素の単体と直接反応してハロゲン化物をつくる。

**ハロゲン**
酸化力は，原子番号が小さいほど強い。
$F_2 > Cl_2 > Br_2 > I_2$
なお，ハロゲンの単体はすべて有害である。

## (1) フッ素 F

　$F_2$ は淡黄色の気体。すべての元素の単体の中で最も反応性が高く，保存は極めて難しい。

## (2) 塩素 Cl

　$Cl_2$ は刺激臭のある黄緑色の気体で，水道水や汚水の殺菌・漂白などに用いられる。

**塩素** $Cl_2$
左の例のほかに，塩酸やさらし粉など多数の無機物や有機化合物の製造原料として広く用いられている。

## (3) 臭素 Br

　$Br_2$ は異臭を放つ赤褐色の液体である。

## (4) ヨウ素 I

　$I_2$ は黒紫色の固体で，水にほとんど溶けない。

すべての元素の中で，常温で液体なのは水銀 Hg と臭素 Br だけです。

# 3　金属イオンの検出

## 金属イオンの沈殿反応

　金属イオンを含む水溶液に適当な試料を加えると，特有の色の沈殿を生じる。これを利用して水溶液中のイオンを検出したり分離したりすることができる。$Na^+$，$K^+$などのアルカリ金属の陽イオンは，何を加えても沈殿しないので，炎色反応を利用する。

### 金属イオンの沈殿反応

| 金属イオン | $Cl^-$ (HCl) | $S^{2-}$ (H₂S) 酸性 | $S^{2-}$ (H₂S) 塩基性 | NH₃ 少量 | NH₃ 過剰量 | OH⁻ (NaOH) 少量 | OH⁻ (NaOH) 過剰量 |
|---|---|---|---|---|---|---|---|
| $Ag^+$ | 白 | 黒 | | 褐 | | | |
| $Cu^{2+}$ | | 黒 | | 淡青 | 深青 | 青白 | |
| $Fe^{2+}$ | | | 黒 | 淡緑 | | 緑白 | |
| $Fe^{3+}$ | | | 黒 | 赤褐 | | 赤褐 | |
| $Zn^{2+}$ | | | 白 | 白 | | 白 | |
| $Al^{3+}$ | | | 白 | 白 | | 白 | |
| $Ca^{2+}$ | | | | | | 白 | |

 **炎色反応**

　アルカリ金属やアルカリ土類金属や銅の塩の水溶液を白金線につけて炎に入れると，各元素に固有の色が炎につく。これを炎色反応という。

## 炎色反応

| 元素 | $Li^+$ | $Na^+$ | $K^+$ | $Cu^{2+}$ | $Ca^{2+}$ | $Sr^{2+}$ | $Ba^{2+}$ |
|---|---|---|---|---|---|---|---|
| 炎色反応 | 赤 | 黄 | 赤紫 | 青緑 | 橙赤 | 紅 | 黄緑 |

**炎色反応の色の覚え方**

| $Li^+$赤 | $Na^+$黄 | $K^+$赤紫 | $Cu^{2+}$青緑 | $Ca^{2+}$橙 | $Sr^{2+}$紅 | $Ba^{2+}$黄緑 |
|---|---|---|---|---|---|---|
| リアカー | なき | K村 | 動力 | 借りようと | するもくれない。 | 馬力で行く。 |

化 学

## TRY! ▶ 過去問にチャレンジ

**No.1** 元素とその炎色反応の色の組合せとして，最も妥当なのはどれか。 【警視庁】

**1** ナトリウム … 赤

**2** カルシウム … 青緑

**3** 銅      … 橙赤

**4** カリウム  … 赤紫

**5** リチウム  … 黄

## 正答と解説

**No.1** の解説

　炎色反応は，化合物を高温の炎の中に入れて熱すると，元素特有の色を示すことをいう。この反応は，物質中にある元素を推定する際に利用される。また，花火の色は，炎色反応を利用したものである。

　炎色反応の色は次表のとおり。

| 族 | 元素 | 炎色反応の色 |
|---|---|---|
| アルカリ金属 | リチウム（Li） | 赤 |
|  | ナトリウム（Na） | 黄 |
|  | カリウム（K） | 赤紫 |
| アルカリ土類金属 | カルシウム（Ca） | 橙赤 |
|  | ストロンチウム（Sr） | 紅 |
|  | バリウム（Ba） | 黄緑 |
| その他 | 銅（Cu） | 青緑 |

　よって，正答は**4**である。

# 有機化合物

- 有機化合物の特徴と分類を確認し、さまざまな官能基を理解しよう。
- 代表的な炭化水素とその誘導体の主な性質や用途を整理しよう。

## 1 有機化合物の定義・特徴

### 有機化合物の定義

有機化合物とは分子内に炭素を含む化合物であり、具体的には、炭素骨格に水素原子が結合した炭化水素 $C_mH_n$ という物質が基本となる化合物である。

### 有機化合物の特徴

有機化合物を構成する元素は、炭素 C、水素 H、酸素 O、窒素 N を中心に、硫黄 S、リン P など全部で十数種程度で、無機化合物が約 110 種すべての元素が構成要素となるのと対照的である。

ところが、有機化合物の種類は 6000 万種を超え、数十万種程度の無機化合物よりはるかに多い。これは、炭素原子の独特の性質による。

炭素原子には、いわゆる結合の手（価標）が 4 本あり、いろいろな原子と結合することができる。しかも、多数の炭素原子自体が連続して結合できる。ポリエチレンなどの高分子化合物には、1 万

元々は「生きている、あるいは生活する機能を備えているもの」が有機物であると考えられていたが、19 世紀前半に無機物から有機化合物が合成され、両者に大きな隔たりがないことがわかった。ただ、それぞれに共通の性質があり、理解のために分けて考える。

**有機化合物の一般的な性質**

無機化合物と比較すると、
①融点・沸点が低い
②燃えるものが多い
③一般に水より軽い
④水に溶けるものが少なく、有機溶媒に溶けるものが多い
⑤一般に化学反応の速度が遅い

個をはるかに超える数の炭素原子（単量体）が連続的に結合しているもの（重合体）もある。また，化学式が同じで構造が異なる**異性体**が存在する。

単量体をモノマー，重合体をポリマーともいいます。

　さらに，炭素原子間には，二重結合や三重結合もつくることができる。たとえば，炭素原子2個からなる炭化水素には，**エタン** $C_2H_6$，**エチレン** $C_2H_4$，**アセチレン** $C_2H_2$ の3種が存在する。

**異性体**
分子式は同じであるが，構造式が異なり，性質の違う物質どうしを互いに異性体という。

### 炭素原子の多重結合

エタン　　　　　エチレン　　　　　アセチレン

## 2　有機化合物の分類

### 基本骨格による分類

　有機化合物は，炭化水素を基本骨格として，そこに官能基が結合したものであると考えると，それぞれの特徴がわかってくる。

　炭化水素を炭素骨格の違いによって分類すると，まず，環状構造を持たない**鎖式炭化水素**と，炭素原子どうしが結びついて環状構造になる**環式炭化水素**とに分類される。

鎖式炭化水素は脂肪族炭化水素とも呼ばれます。

## 炭化水素の分類

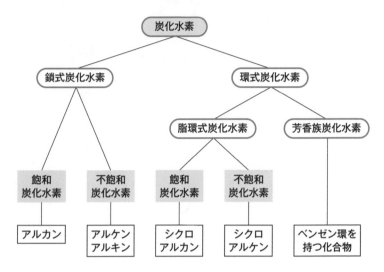

また、C–C結合がすべて単結合でできているものを飽和炭化水素、二重結合や三重結合（不飽和結合という）を含むものを不飽和炭化水素という。そして、環式炭化水素は、ベンゼン環を持つ芳香族炭化水素とベンゼン環を持たない脂環式炭化水素に分類される。

 **官能基による分類**

有機化合物は、官能基によって性質が類似した化合物に分類することができる。

---

不飽和結合に分子が結びつく反応を、付加反応という。

**ベンゼン環**
6つの炭素原子が環状構造をつくり、1つおきに二重結合が存在するように書き表す環状構造。

**官能基**
同じグループに属する化合物が示す共通の反応性の原因となる原子団。

## 官能基による分類

| 官能基 | 構造 | 化合物の一般名 | 化合物の例 |
|---|---|---|---|
| ヒドロキシ基 | $-OH$ | アルコール<br>フェノール類 | エタノール<br>フェノール |
| アルデヒド基 | $-\underset{\underset{O}{\parallel}}{C}-H$ | アルデヒド | アセトアルデヒド |
| カルボニル基<br>（ケトン基） | $>C=O$ | ケトン | アセトン |
| カルボキシ基 | $-\underset{\underset{O}{\parallel}}{C}-OH$ | カルボン酸 | 酢酸 |
| エステル結合 | $-\underset{\underset{O}{\parallel}}{C}-O-$ | エステル | 酢酸エチル |
| スルホ基 | $-SO_3H$ | スルホン酸 | ベンゼンスルホン酸 |
| アミノ基 | $-NH_2$ | アミン | アニリン |
| ニトロ基 | $-NO_2$ | ニトロ化合物 | ニトロベンゼン |
| エーテル結合 | $-O-$ | エーテル | ジエチルエーテル |

## 3　さまざまな有機化合物

### 鎖式炭化水素

　鎖式炭化水素のうち，C−C 結合がすべて単結合でできているものを**アルカン**，2重結合を1つ持つものを**アルケン**，3重結合を1つ持つものを**アルキン**という。

### アルカン

アルカンは常温付近では安定であるが，光を当てると，水素原子がハロゲン分子と置き換わる置換反応を起こす。

### アルカン $C_nH_{2n+2}$ の状態

n = 1〜4　：気体
n = 5〜16：液体
n ≧ 17　：固体

## 鎖式炭化水素

| | 一般式 | 化合物 | | |
|---|---|---|---|---|
| アルカン | $C_n H_{2n+2}$ | メタン $CH_4$<br><br>$\begin{array}{c} H \\ | \\ H-C-H \\ | \\ H \end{array}$ | エタン $C_2H_6$<br><br>$\begin{array}{c} H \quad H \\ | \quad | \\ H-C-C-H \\ | \quad | \\ H \quad H \end{array}$ | プロパン $C_3H_8$<br><br>$\begin{array}{c} H \quad H \quad H \\ | \quad | \quad | \\ H-C-C-C-H \\ | \quad | \quad | \\ H \quad H \quad H \end{array}$ |
| アルケン | $C_n H_{2n}$ | エチレン $C_2H_4$<br><br>$\begin{array}{c} H \\ \backslash \\ \end{array} C = C \begin{array}{c} H \\ / \\ \end{array}$ | | |
| アルキン | $C_n H_{2n-2}$ | アセチレン $C_2H_2$<br>$H - C \equiv C - H$ | | |

### （1）メタン $CH_4$

天然ガスの主成分。都市ガスとして用いられる。

### （2）プロパン $C_3H_8$

メタンより沸点が高いので加圧だけで液化する。

### （3）エチレン $C_2H_4$

果実の熟成を促進する作用を持つ。二重結合が開き，付加反応や付加重合を起こす。

## 鎖式炭化水素の誘導体

炭化水素の水素原子をヒドロキシ基 $-OH$ で置き換えた化合物をアルコールという。アルコールは，酸化により，アルデヒド（アルデヒド基 $-CHO$ を持つ炭化水素）やケトン（カルボニル基 $> CO$ を持つ炭化水素）が生じる。

### （1）メタノール $CH_3-OH$

芳香性を有する無色の液体。有毒性がある。

LPG（液化石油ガス）は主に $C_3H_8$ を液化したものです。

**付加重合**

連続的に結合を形成していき鎖状につながる反応。

**誘導体**

ある化合物の小部分の構造の変化によってできる化合物。

## (2) エタノール $C_2H_5-OH$

無色の液体で、飲料（酒類）のほか、消毒剤、溶剤などさまざまな有機化合物の原料にもなる。

## (3) ジエチルエーテル $C_2H_5-O-C_2H_5$

揮発性で引火しやすい液体で、麻酔作用がある。

## (4) ホルムアルデヒド $H-CHO$

刺激臭、催涙性のある有毒な気体で、水によく溶け、消毒剤、殺菌剤、合成樹脂の原料となる。

## (5) アセトン $CH_3-CO-CH_3$

芳香を持つ引火性の液体で、有機溶媒として用いられる。除光液にも利用される。

## (6) 酢酸 $CH_3-COOH$

無色の刺激臭を持つ液体で、水によく溶ける。純粋に近いものは室温が下がると凝固するので氷酢酸と呼ばれる。

# 芳香族炭化水素とその誘導体

ベンゼンの仲間には芳香を持つものが多いので、ベンゼン環を持つ化合物を総称して芳香族化合物という。

## (1) ベンゼン $C_6H_6$

無色で特有のにおいを持つ、水に溶けにくい可燃性の液体である。

## (2) フェノール $C_6H_5-OH$

特有の刺激臭を持つ無色の固体で、水に溶けにくく、皮膚を侵す。合成樹脂、医薬品などの原料。

エタノール $C_2H_5OH$
工業的には、リン酸を触媒として高温高圧下でエチレンに水を付加させてつくる。

ホルムアルデヒドの35〜38％水溶液はホルマリンと呼ばれ、防腐剤や消毒剤として用いられます。

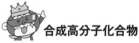

## 合成高分子化合物

分子量が約1万以上の物質を高分子化合物といい，その中で，デンプンやタンパク質，セルロースなどの天然高分子化合物に対し，石油からつくられる合成繊維，合成樹脂，合成ゴムなどの高分子化合物を合成高分子化合物という。

### (1) ポリエチレン PE

水より軽く，耐水性，耐薬品性，電気絶縁性に優れる。染色性はよくない。熱可塑性樹脂。用途はフィルム袋，容器，電気絶縁材料など。

### (2) ポリ塩化ビニル PVC

耐水性，耐薬品性，染色性に優れる。可塑剤の量で軟質にも硬質にもなる。熱可塑性樹脂。用途はシート，水道管，容器，電線被膜など。

### (3) ポリスチレン PS

耐水性，耐薬品性，透明性，電気絶縁性，染色性はよいが，もろい。熱可塑性樹脂。用途は透明容器，発泡スチロール，文具など。

### (4) フェノール樹脂 PF

耐熱性，電気絶縁性，耐薬品性に優れる。熱硬化性樹脂。用途は電気絶縁材料，プリント配線基板など。

### (5) ポリエチレンテレフタラート PET

耐日光性が優れ，乾きやすい。汚れが落ちにくく，静電気を起こしやすい。合成繊維。用途はシャツ，水着，ペットボトルなど。

「プラスチック」は，一般的に合成樹脂のことをさします。

**熱可塑性樹脂**
加熱すると軟らかくなり，自由に変形できるが，冷えると再び硬くなる性質を持つ樹脂。

**熱硬化性樹脂**
加熱しても軟化せず，分解するような樹脂。

# TRY! ▶ 過去問にチャレンジ

**No.1** 次の文は，プラスチックに関する記述である。文中の空欄ア〜エに入る語句がいずれ妥当なのはどれか。　【警察官】

　プラスチックのうち，加熱すると反応が進み，全体がしだいに硬くなるものを熱硬化性樹脂といい，加熱すると軟化し，冷却すると再び硬化するものを熱可塑性樹脂という。一般に，　ア　は長い鎖状の分子がからみあって出来ており，成型しやすく，熱に弱い。水道管や電線被覆材に使われる　イ　や，洗面器，自動車バンパーに使われるポリプロピレンなどがある。また，　ウ　は立体的な網目構造を持ち，細かい成型は難しいが，熱に強い。IC基盤などに使われるフェノール樹脂や，食器などに使われるメラミン樹脂がある。さまざまな種類のプラスチックが身の回りで活用されているが，自然環境で分解されにくいものが多く，塩素を含むプラスチックの場合は焼却のしかたによって有毒な　エ　が発生するなど，環境汚染の原因となることもある。

| | ア | イ | ウ | エ |
|---|---|---|---|---|
| **1** | 熱硬化性樹脂 | ユリア樹脂 | 熱可塑性樹脂 | フロンガス |
| **2** | 熱硬化性樹脂 | ポリ塩化ビニル | 熱可塑性樹脂 | ダイオキシン類 |
| **3** | 熱可塑性樹脂 | ユリア樹脂 | 熱硬化性樹脂 | ダイオキシン類 |
| **4** | 熱可塑性樹脂 | ユリア樹脂 | 熱硬化性樹脂 | フロンガス |
| **5** | 熱可塑性樹脂 | ポリ塩化ビニル | 熱硬化性樹脂 | ダイオキシン類 |

### No.1 の解説

**ア** 加熱すると軟らかくなり，成型加工しやすいが，冷えると再び硬くなる樹脂を**熱可塑性樹脂**といい，**付加重合**によって合成される。

**イ** 主な熱可塑性樹脂として，ポリエチレン，**ポリ塩化ビニル**，ポリスチレン，メタクリル樹脂などがある。

**ウ** 加熱しても軟化せず分解する**熱硬化性樹脂**は耐熱性に優れ，ユリア樹脂，フェノール樹脂など，**縮合重合**によって合成されるものが多い。

**エ** ポリ塩化ビニルのような塩素を含むプラスチックを加熱処理すると，致死毒性を持つ**ダイオキシン類**を発生する恐れがある。

　よって，正答は**5**である。

Chapter

# 03

# 生物

# 生物体の構造と機能

・原核細胞と真核細胞，動物細胞と植物細胞の
　違いを細胞内の構造とともに知ろう。
・体細胞分裂で生じる現象について押さえよう。
・細胞膜のはたらきについて理解しよう。

## 1 細胞の微細構造

### 細胞

　細胞は，細胞膜によって外側を覆われ，内部に
は DNA を含む染色体があり，液状の細胞質基質
で満たされている。

### （1）原核細胞

　核を持たない細胞。染色体を包む膜がない。細
胞壁がある。原核細胞でできた生物を原核生物と
いう。

**原核細胞**

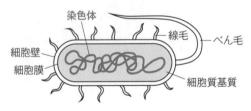

### （2）真核細胞

　核を持つ細胞。核の中に染色体がある。また，

---

**細胞膜**

細胞内外の物質の出入
りを調節する。

**染色体**

DNA とタンパク質など
からなる。DNA の塩基
配列が遺伝情報で，そ
の情報によって細胞の
形態や機能が決定する。

**細胞質基質**

液状でタンパク質など
を含む。化学反応の場。

**核**

核膜内に染色体と核小
体がある。

**細胞壁**

細胞の保護と形状の保
持に役立っている。

**原核生物**

線毛やべん毛を持つも
のもある。**大腸菌**，**コ
レラ菌**，ユレモなど。

さまざまなはたらきを持つ細胞小器官がある。真核細胞でできた生物を真核生物といい，動物，植物，菌類などが含まれる。動物と植物によって共通する構造と異なるものがある。

### 原核細胞と真核細胞（動物細胞・植物細胞）の違い

| 細胞小器官 | 原核細胞 | 動物細胞 | 植物細胞 |
|---|---|---|---|
| 染色体（DNA） | ○ | ○ | ○ |
| 核 | × | ○ | ○ |
| 細胞膜 | ○ | ○ | ○ |
| 細胞質基質 | ○ | ○ | ○ |
| ミトコンドリア | × | ○ | ○ |
| 葉緑体 | × | × | ○ |
| 細胞壁 | ○ | × | ○ |

### 細胞の基本構造

【植物細胞】　　　　　　　　　　【動物細胞】

**ミトコンドリア**

二重の膜で内膜が形成するひだ状のクリステと内膜に包まれたマトリックスからなる。細胞内の呼吸を行う。有機物を分解してエネルギーを取り出し，そのエネルギーを利用してATPを合成する。

**葉緑体**

二重の膜で覆われ，内膜内に光合成色素が含まれる扁平な袋状のチラコイドが多数重なった状態で存在する。植物細胞で光合成を行う（→ p.124 参照）。

**液胞**

成長した植物細胞で特に発達する。正常な動物細胞では未発達。植物細胞の成長と物質の貯蔵に関係する。

**リボソーム**

リボソーム RNA（rRNA）とタンパク質からなる。タンパク質合成の場。

**小胞体**

物質の移動通路。

**ゴルジ体**

数層に重なる扁平な袋状構造と粒状の小胞からなる。物質の輸送に関係する。

これらの細胞の構成要素のうち，細胞壁と葉緑体は植物細胞のみに見られるものであり，動物細胞には存在しない。また，中心体とゴルジ体は特に動物細胞で発達する。

このほかに重要な構成要素として，リソソームが挙げられる。リボソーム，小胞体，リソソームの3つは電子顕微鏡を用いないと観察できない。

**中心体**
動物細胞では核の近くにあり，細胞分裂に関係する。藻類，コケ・シダ植物の細胞でも見られる。

**リソソーム**
細胞内消化を行う。不要な物質を分解する。

## 2 体細胞分裂

多細胞生物で新しい細胞がつくられているとき，体細胞分裂が起こっている。分裂する前の細胞を母細胞といい，分裂によって新しく生じた細胞を娘細胞という。

### 細胞周期

細胞分裂を行う分裂期とそれ以外の間期をいう。分裂期は順に，前期，中期，後期，終期に分けられ，間期は順に，G$_1$期，S期，G$_2$期に分けられる。

**分裂期**

| | |
|---|---|
| 前期 | 核の中に糸状の染色体が見えはじめ，やがて太く短くなり，核膜が消失する。動物細胞では中心体が2分して両極に移動する。 |
| 中期 | 染色体が細胞の赤道面に並ぶ。 |
| 後期 | 各染色体は縦に2つに分かれ，それぞれが細胞の両極に移動する。 |
| 終期 | 染色体は糸状になり，核膜が現れる。植物細胞では赤道面に細胞板が生じ，動物細胞ではくびれが生じ，細胞質分裂が起こる。 |

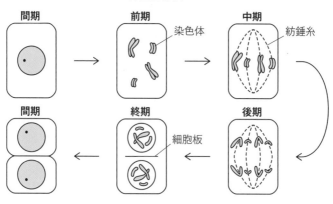

**体細胞分裂**

間期 → 前期 → 中期

染色体

紡錘糸

間期 ← 終期 ← 後期

細胞板

## 3 細胞の成分

### 生物体を構成する物質

生物体を構成する物質の質量比においては，水が最も多い。次いでタンパク質，炭水化物，脂質，核酸などの有機物と，その他無機物からなる。動物と植物を構成する主な物質の質量比は，それぞれ以下のとおりである。

---

**【動物】**
水：約70％，タンパク質：約15％，脂質：約13％

**【植物】**
水：約75％，炭水化物：20％，タンパク質：約2％

---

水はさまざまな物質を溶かし，化学反応や物質移動の場となる。温度変化しにくいため，温度を

体細胞分裂では核分裂は1回で，染色体の乗換は起こらない。母細胞から2個の娘細胞に分裂する。核相は母細胞 $2n$ →娘細胞 $2n$ で変化しない。

**核酸**
遺伝情報を担う DNA と RNA がある。RNA は DNA の遺伝情報が伝達されるときに重要なはたらきをする。

保つのに役立つ。

　タンパク質は，アミノ酸が基本単位として多数鎖状に結合してできる。酵素や抗体，ホルモンなど生命活動で重要なはたらきをする。

　炭水化物（糖質）は生体内のエネルギー源となる。グルコースやフルクトース（単糖），2分子が結合したスクロース（二糖），多数結合したグリコーゲン（多糖）などがある。また，セルロース（多糖）は細胞壁の主成分であり，植物の形状を支えている。

　脂質には，脂肪，リン脂質，ステロイドなどがある。脂肪はエネルギーを貯蔵する。リン脂質は細胞膜などの膜構造をつくり，水などの物質の細胞内外の輸送に関係する。

## 生物体を構成する元素

　生物体を構成する主な元素は，酸素（O），炭素（C），水素（H），窒素（N）の4種類である。微量に含まれる元素には，ナトリウム（Na），カルシウム（Ca），リン（P），硫黄（S），カリウム（K）などがある。

## 細胞膜における物質の透過性と輸送

　細胞膜は，リン脂質の二重層に輸送タンパク質からなる。細胞に必要な水溶性の物質の出入りは

**無機質**

ナトリウムイオン（$Na^+$）やカリウムイオン（$K^+$），カルシウムイオン（$Ca^{2+}$）は細胞のはたらきや情報伝達を調整，リン酸カルシウムは骨の主成分としてからだを支え，鉄イオン（$Fe^{2+}$）はヘモグロビンに含まれ酸素の運搬のはたらきをする。

**ヒトの体を構成する主な元素の質量比**

酸素　63%
炭素　20%
水素　10%
窒素　3%
その他　4%

輸送タンパク質を介して行っている。輸送タンパク質には，リン酸脂質二重層を貫通した小さな孔のチャンネルや，結合した物質を通過させる輸送体がある。

### 細胞膜の構造

細胞膜を介した輸送には，物質が濃度の高い方から低い方へと移動して均一になろうとする拡散によって起こる受動輸送と，それに逆らってエネルギーを使って起こる能動輸送とがある。

**（1）受動輸送**

高濃度から低濃度へ移動が起こる。

①拡散による移動…酸素や二酸化炭素分子など。

②チャンネルを移動…水分子やイオン。イオンの種類によってチャンネルの種類も決まる。

③輸送体による移動…グルコースなどの糖，アミノ酸などの大きな分子。

**（2）能動輸送**（例：ナトリウムポンプ）

動物細胞の細胞膜には，ATP 分解にはたらく輸送タンパク質があり，これにより ATP エネル

イオンを透過させるチャンネルをイオンチャンネル，水分子の輸送を行うチャンネルを，アクアポリンといいます。

細胞内の $Na^+$ 濃度は細胞外より低く，$K^+$ 濃度は細胞外よりも高く維持されます。

ギーを利用して $Na^+$ の細胞外への排出と $K^+$ の細胞内への取り込みを行っている。そのため，細胞内外での $Na^+$ と $K^+$ の濃度差が生じる。

## 4 原形質分離

### 浸透圧

細胞膜は半透膜と似た性質を持っている。半透膜を通過して水分子やイオンが拡散する現象を浸透という。水分子が濃度の高い溶液側に浸透するときの圧力を浸透圧という。

### 動物細胞における水分子の移動

赤血球などを高張液に浸すと水分子が細胞内から外へ移動し，細胞は収縮して機能が低下する。低張液に浸すと浸透により細胞内に水が移動し，膨張して破裂することもある。

**半透膜**
溶媒や一部の溶質は通すが，他の粒子は通さない性質（半透性）半透性を持つ膜。

**高張液**
細胞液よりも浸透圧が高い溶液。細胞内の水が出ていく。

**等張液**
細胞液と浸透圧が等しい溶液。見かけ上は水の移動が見られない。

**低張液**
細胞液よりも浸透圧が低い溶液。水が細胞内に入り細胞が膨張する。

## 水分子の移動（赤血球）

【高張液（濃い食塩水）】

水分子

収縮

【等張液（生理食塩水）】

正常

【低張液（蒸留水）】

溶血

## 植物細胞における水分子の移動

　植物細胞を高張液に浸すと，細胞内の水が外に出て膨圧が低下する。さらに水が出ると，細胞膜が細胞壁から分離する原形質分離が起こる。低張液に浸すと，浸透圧差で細胞内に水が入り，内部の体積が増加して膨圧が上がる。

**膨圧**
細胞外から水が浸透して体積が増し，内側から細胞壁を押し広げようとする圧力。

### 水分子の移動（植物細胞）

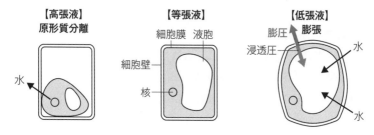

【高張液】
原形質分離

【等張液】
細胞膜　液胞
細胞壁
核

【低張液】
膨張
膨圧
浸透圧
水
水

## 5　組織と器官

　多細胞生物では，同じ形態やはたらきを持つ細胞が集まる組織が数種類集まって，特定のはたらきをする器官をつくる。

## 動物のからだのつくり

　動物の組織は，神経組織・上皮組織・筋組織・結合組織からなる。主な動物の器官は，消化器官（胃・小腸・大腸），呼吸器官（気管・肺），感覚器官（目・耳・鼻・皮膚）などである。

### ヒトの器官系

| 血管系 | 心臓 |
|---|---|
| 排出系 | 腎臓，輸尿管，ぼうこう |
| 呼吸系 | 気管，肺 |
| 消化系 | 唾腺，食道，胃，肝臓，胆のう，すい臓，小腸，大腸，直腸 |
| 神経系 | 大脳，間脳，中脳，小脳，延髄，脊髄 |

器官系とは，機能に共通性のある複数の器官が，相互に関連してはたらいている系統のことです。

## 植物のからだのつくり

　根・茎・葉の3つの器官からなる。各器官は表皮系・維管束系・基本組織系からなる。また，茎頂や根端などに分裂組織があり，細胞分裂が繰り返され新しい細胞がつくられている。

### 植物の組織系

| 表皮系 | 植物体の表面を覆い，内部の保護，物質の出入りに関係する。 |
|---|---|
| 維管束系 | 水や養分の移動に関係する。 |
| 基本組織系 | 表皮系と維管束系の間を埋めてからだを支えるはたらきや，物質の貯蔵に関係する。 |

## TRY! ▶ 過去問にチャレンジ

**No.1**　体細胞分裂の過程について記述した次のア〜カを，正しい順番に並べ替えたものとして，最も妥当なのはどれか。　【警視庁】

**ア**：母細胞で分裂の準備が整えられる。

**イ**：染色体が見えなくなり，核膜と核小体が現れる。動物細胞では外側からのくびれによって，植物細胞では細胞板の形成によって細胞分裂が行われる。

**ウ**：染色体が赤道面に並ぶ。

**エ**：染色体が現れ，核膜と核小体が見えなくなる。動物細胞では，中心体が両極に移動し，紡錘体が形成される。

**オ**：各染色体が縦裂面で分かれ，両極に移動する。

**カ**：2個の娘細胞ができる。

1　ア→ウ→オ→エ→イ→カ

2　ア→エ→ウ→オ→イ→カ

3　ウ→ア→イ→オ→カ→エ

4　ウ→ア→オ→イ→カ→エ

5　ウ→ア→オ→エ→イ→カ

No.1 の解説

この問では，**ア**：間期（母細胞），**イ**：分裂期（終期），**ウ**：分裂期（中期），**エ**：分裂期（前期），**オ**：分裂期（後期），**カ**：間期（娘細胞），である。順序どおりに並べると，**ア→エ→ウ→オ→イ→カ**となり，正答は**2**である。

なお，選択肢では，**3～5**で**ウ→ア**と始まっているが，染色体が並ぶ**ウ**から始まることも，その直後に分裂の準備をする**ア**が来ることもありえないため，すぐに除外できる。

さらに，**1**の**ウ**，**オ**のあと**エ**で染色体が現れる，ということもあり得ない。このように消去法で正解が得られることもある。

関連する内容として，細胞分裂を観察する手法についても，材料や手順，顕微鏡の使い方などを押さえておく必要がある。体細胞分裂では，タマネギなどの根端が観察しやすい。

---

**【タマネギの体細胞分裂の観察方法】**

① タマネギの根を根端から 1～2cm 切り取り，酢酸＋エタノール液に 10 分程度浸す。

→細胞の内部構造をそのままの状態にする（固定）。

② 固定した根を洗い，60℃に温めた 3％塩酸に 1 分程度浸す。

→細胞と細胞を接着する物質を溶かし，個々の細胞を離れやすくする（解離）。

③ 解離した根を洗い，スライドガラスにのせて先端から 2～3mm を残して切り取る。

→根端部に分裂組織があり，それ以外は不要なため。

④ 根端部に酢酸カーミンや酢酸オルセインのような塩基性色素を落とす。

---

　→これらの塩基性色素は，DNA（＝デオキシリボ核酸という酸性物質）を赤く染める（染色）。

⑤　カバーガラスをかけて，その上にろ紙を置き，真上から親指の腹で強く押す。

　→接着されていない多層の細胞が1層になる。

⑥　低倍率で観察したい細胞を探し，高倍率にして詳細を観察する。

# 代謝とエネルギー

・呼吸と光合成の共通点と相違点を押さえよう。
・酵素とそのはたらきについてまとめよう。

## 1 代 謝

　生物の体内で，物質を新しく合成したり分解したりする化学反応のことを**代謝**という。

## 2 光合成（同化）

　光合成は，植物が**二酸化炭素**を吸収し，**光エネルギー**を用いて有機物を合成する反応である。葉緑体で行われる。チラコイドで光エネルギーが吸収され，水の分解（→酸素の生成），ATPの合成（＝光リン酸化），NADPHの生成が起きる。その後，ストロマのカルビン・ベンソン回路において，ATPとNADPHを用いて二酸化炭素と水から有機物（グルコースなど）が合成される。反応をまとめると，次のようになる。

---

**光エネルギー**

↓

**二酸化炭素＋水→有機物＋水＋酸素**

$6CO_2 + 12H_2O \rightarrow C_6H_{12}O_6 + 6H_2O + 6O_2$

---

**チラコイド**
葉緑体の内部にある袋状の膜構造。クロロフィルなどの光合成に関わる色素が存在する。

**ストロマ**
チラコイドの間を満たす部分。

**カルビン・ベンソン回路**
ストロマで起こる多数の化学反応。

## 光合成

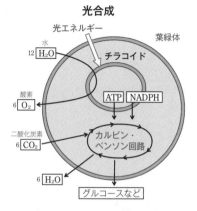

光エネルギー
葉緑体
水
12 $H_2O$
チラコイド
ATP NADPH
酸素
6 $O_2$
二酸化炭素
6 $CO_2$
カルビン・ベンソン回路
6 $H_2O$
グルコースなど

## 3 呼吸（異化）

　呼吸は，すべての生物で，グルコースや脂肪，タンパク質などの有機物を分解して生命活動に必要なエネルギー（ATP）を合成する反応である。細胞質基質とミトコンドリアで行われる。グルコースなどの有機物は細胞質基質とミトコンドリアのマトリックスのクエン酸回路で分解されながら，ATPとNADHやFADH$_2$を合成する。その後，ミトコンドリア内膜でNADHやFADH$_2$の水素と酸素が結合することで多量のATPが合成される。反応をまとめると，次のようになる。

> **グルコース＋水＋酸素→二酸化炭素＋水**
> $$C_6H_{12}O_6 + 6H_2O + 6O_2 \rightarrow 6CO_2 + 12H_2O$$
> ↓
> **化学エネルギー（ATP）**

**マトリックス**

ミトコンドリアは内膜と外膜の二重膜のできており，その内膜で覆われた部分。ここでクエン酸回路という化学反応が起こる。

**ATP（アデノシン三リン酸）**

代謝に伴うエネルギーの受け渡しを行う。有機物を分解したときに出るエネルギーはATPに移される。ATPはADP（アデノシン二リン酸）にリン酸が1つついた状態である。このリン酸が切り離されるときに多量のエネルギーを放出する。光合成や呼吸で合成される。すべての生物が共通に持っている。

125

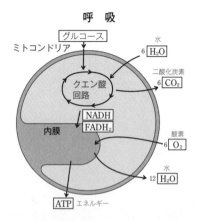

呼 吸

グルコース
ミトコンドリア
水
$6\ H_2O$
二酸化炭素
$6\ CO_2$
クエン酸
回路
NADH
$FADH_2$
内膜
酸素
$6\ O_2$
水
$12\ H_2O$
ATP エネルギー

# 4 酵 素

　酵素は，生体内で代謝が円滑に進められるための触媒となるはたらきを持つ物質である。主成分はタンパク質で，細胞内でつくられる。アミラーゼなどの消化酵素のように細胞外ではたらく酵素も，細胞内でつくられて細胞外に分泌される。生物には多種多様な酵素があり，3,000 種類以上が確認されている。

　酵素には，以下のような特徴がある。

## 基質特異性

　酵素が特定の物質のみに作用する性質。それぞれの酵素は決まった立体構造を持ち，その一部にある特有の構造（活性部位）に，特定の基質だけが結合できるためである。

**消化酵素**

ヒトの消化器系の内臓ではたらく酵素。以下のようなものがある（それぞれ酵素名，存在場所，はたらきを示す）。

①**アミラーゼ**（唾液）
デンプン→マルトース
②**ペプシン**（胃液）
タンパク質→ペプトン
③**トリプシン**（すい液）
ペプトン→ポリペプチド
④**リパーゼ**（すい液）
脂肪→モノグリセリド＋グリセリン
⑤**ペプチダーゼ**（腸液）
ポリペプチド→アミノ酸

**基質**
酵素がはたらきかける物質

## 最適温度，最適 pH

酵素による反応では，温度が高くなりすぎると酵素のタンパク質の立体構造が熱により変化（変性）するため酵素の機能が失われ（失活），反応速度が遅くなってしまう。最も反応が速くなる温度を最適温度という。

また，酵素の反応が最も速くなる pH の値を最適 pH といい，酵素によって変化する。

ヒトの酵素の最適温度は35〜40℃です。

**主な消化酵素の最適pH**
・アミラーゼ
　最適 pH7 付近
・ペプシン
　最適 pH 約2
・トリプシン
　最適 pH 約8

## 5　酵素のはたらき

生体内で起こるほとんどすべての化学反応に酵素は関わり，生体内の温度や pH の比較的穏やかで安定した条件下で反応が促進されている。

また，酵素は触媒としてはたらいても消費されないので，繰り返し作用することが可能である。

## 代謝における酵素反応

代謝はいくつかの反応が組み合わさり，連続で進行している。それぞれの各反応には特定の異なる酵素が作用する。多くの酵素は特定の場所に存在し，その場で起こる特有の反応の触媒としてはたらく。たとえば，小腸内でデンプンは，アミラーゼによってマルトースに分解され，次にマルターゼによってグルコースに分解される。

**No.1** 次の文は，ヒトの消化に関する記述であるが，文中の空所 A ～ D に該当する語の組合せとして，妥当なのはどれか。【特別区】

デンプンは，だ液やすい液に含まれる ▢ A ▢ によってマルトースに分解された後，すい液などに含まれる ▢ B ▢ によってグルコースに分解される。

タンパク質は，胃液に含まれる ▢ C ▢ ，すい液などに含まれるトリプシンやペプチダーゼによってアミノ酸に分解される。

脂肪は，すい液などに含まれる ▢ D ▢ によって脂肪酸とグリセリンに分解される。

| | A | B | C | D |
|---|---|---|---|---|
| **1** | マルターゼ | アミラーゼ | リパーゼ | ペプシン |
| **2** | ペプシン | アミラーゼ | リパーゼ | マルターゼ |
| **3** | ペプシン | マルターゼ | アミラーゼ | リパーゼ |
| **4** | アミラーゼ | リパーゼ | ペプシン | マルターゼ |
| **5** | アミラーゼ | マルターゼ | ペプシン | リパーゼ |

正答と解説

## No.1 の解説

この問では，消化酵素のはたらきと存在場所が問われている。

デンプンは，だ液やすい液に含まれる消化酵素の**アミラーゼ**（**A**）によって，マルトース（麦芽糖）まで分解される。さらに，すい液などに含まれる**マルターゼ**（**B**）によって，マルトースからグルコース（ブドウ糖）に分解される。

タンパク質は，胃液に含まれる**ペプシン**（**C**）によってペプトンに分解され，さらに，すい液に含まれるトリプシン，腸液に含まれるペプチダーゼによってポリペプチドに分解され，最終的にはアミノ酸にまで分解される。

脂肪は，すい液に含まれる**リパーゼ**（**D**）によって，脂肪酸とグリセリンに分解される。

よって正答は**5**である。

## テーマ 03 生物の反応と調節

- 器官や細胞のはたらきについて押さえよう。
- 体の状態を保つ仕組みについては，日常的な経験も活用しよう。
- 生物の環境に対する反応について知ろう。

## 1 免疫

体内環境を乱す病原体などから体を守る仕組みを生体防御といい，皮膚や気管の粘膜での物理的・化学的な生体防御で病原体を体内に侵入させないようにしている。

また，体内に侵入した病原体などを排除することで体を守る防御反応を免疫という。免疫には自然免疫と獲得免疫がある。多くの種類の白血球の免疫細胞が関わっている。

### 自然免疫

先天的にすべての動物に備わっており，過去の感染の経験によらず即座にさまざまな病原体に対応する免疫。物理的・化学的な生体防御をくぐりぬけ体内に侵入した病原体に対して，マクロファージや好中球，樹状細胞などがはたらく。これらは病原体を認識し，細胞内に取り込んで消化する食作用というはたらきで病原体を除去する。

また，NK（ナチュラルキラー）細胞は，ウイルスが侵入した感染細胞を細胞表面の違いによっ

**物理的・化学的な生体防御**
皮膚表面：角質層
気管・消化管：粘膜
その他：汗・皮脂・涙など。
なお，自然免疫に含める場合もある。

**白血球**
マクロファージ，好中球，樹状細胞，リンパ球（ヘルパーT細胞，キラーT細胞，B細胞，NK細胞）。

**マクロファージ**
血液内の白血球のうちの単球が組織へと移動して分化した細胞。

**ウイルス**
細胞構造を持たず，ほかの生物の細胞に侵入して増殖する。

て区別し攻撃して破壊する。このような反応により，局部が赤くはれたり熱や痛みを持ったりする炎症や発熱などが起こる。

## 獲得免疫（適応免疫）

　自然免疫の食作用のみでは排除できない病原体（抗原）に対して，リンパ球のＢ細胞やＴ細胞が特異的にそれを認識して対応する免疫。獲得免疫には免疫細胞だけでなく，抗体というタンパク質も関わる。

　抗体は抗原と特異的に結合する。その反応を抗原抗体反応という。体内では，膨大な種類の異なる抗体をつくることができ，どのような抗原に対しても，特異的に結合する抗体がつくられる。

　自然免疫で病原体に反応した樹状細胞から抗原提示を受けて活性化されたヘルパーＴ細胞は，感染各部に移動，マクロファージによる食作用やNK細胞による感染細胞の破壊を活性化し，病原体の排除に関わる（細胞性免疫）。また，キラーＴ細胞も抗原提示で活性化されて増殖し，特異的に感染細胞を破壊する。

　Ｂ細胞は抗原提示なしに病原体を認識し，ヘルパーＴ細胞により活性化されて増殖し，抗体産生細胞に分化して病原体への抗体を多量につくりだす。できた抗体は体液によって感染部位に届き，感染力や毒性を弱めて食細胞やNK細胞によ

**抗原**

リンパ球によって異物と認識される物質。体内に侵入する病原体などで，ウイルスや細菌，それらのつくる毒素など。

また，自分の体の物質に対して免疫反応が起こらないことを免疫寛容という。

**抗体**

免疫グロブリンというタンパク質。抗原を認識したＢ細胞は，活性化・増殖し，その抗原に特異的に結合する抗体をつくりだす。

る病原体の排除を促す（**体液性免疫**）。

　獲得免疫には，抗原に特異的なリンパ球の増殖が必要なため，効果が現れるまでには1週間以上かかり，自然免疫よりも時間がかかる。病原体を認識して活性化されたT細胞やB細胞の一部は，**記憶細胞**として長期間体内に残る。

## 免疫反応と疾患

### （1）アレルギー

　体内に侵入する異物に対して異常な**獲得免疫反応**が起こること。原因となる物質を**アレルゲン**という。花粉症，ぜんそく，じんましんなどがある。

　ハチの毒などがアレルゲンとなり，急激な血圧低下や呼吸困難が起こることを**アナフィラキシーショック**と呼び，生命に危険が及ぶこともある。

### （2）自己免疫疾患

　自己の体内成分に対する免疫反応により，組織の障害や機能異常が現れること。関節リウマチ，1型糖尿病などがある。

### （3）後天性免疫不全症候群（AIDS）

　ヒト免疫不全ウィルス（HIV）による。HIVがT細胞に感染し死滅させることにより獲得免疫のはたらきが低下する。この結果，日和見感染を起こしやすくなる。

**記憶細胞**
病原体が排除された後でも，しばらくその病気にはかからなかったり，軽症ですむことが多かったりするのは，抗原を特異的に認識するT細胞やB細胞が記憶細胞となり体内に残り続けるためである。記憶細胞による免疫反応を二次応答という。

アナフィラキシーショックは，新型コロナウイルスワクチンの副反応でも見られました。

### 医療への応用

#### （1）予防接種

感染症予防において，弱体化あるいは死滅した病原体や毒素（ワクチン）を接種すること。ワクチン接種によって弱い一次反応が起こり体内に記憶細胞がつくられる。これにより，病原体が侵入したときには二次反応が起こり発症が抑制される。

#### （2）血清療法

ヘビ毒など，毒素に対する抗体を含む血清を接種して，体内に入った毒素の作用を阻害すること。

## 2　神経

体内環境は，自律神経系と内分泌系によって維持されている。自律神経系は，交感神経と副交感神経からなる。交感神経はアクセルのように体の状態を闘争や逃走に向かわせる。副交感神経はブレーキのように体の状態を休息に向かわせる。なお，神経伝達物質として多くの場合，交感神経末端からはノルアドレナリンが，副交感神経末端からはアセチルコリンが放出される。

交感神経は脊髄から出ており，副交感神経は中脳，延髄，脊髄から出ている。多くの器官や組織には交感神経と副交感神経の両方が分布するが，立毛筋，汗腺，皮膚の血管など皮膚周辺には副交感神経は分布しない。

予防接種には，インフルエンザ，日本脳炎，麻疹，結核などがあります。

**血清療法**
19世紀末に開発され，破傷風やジフテリアなどの感染症の治療に用いられた。その後，安全でより有効な治療法が見つかり今ではほとんど行われていない。

**自律神経**
各器官への命令を伝える神経。
自律神経系は，間脳の視床下部によって支配されている。

**内分泌系**
ホルモンを介して各器官を調整。

## 交感神経と副交感神経

| | 交感神経 | 副交感神経 |
|---|---|---|
| 瞳孔 | 拡大 | 縮小 |
| 心拍 | 促進 | 抑制 |
| 血圧 | 上昇 | 下降 |
| 気管支 | 拡張 | 収縮 |
| 立毛筋 | 収縮 | — |
| 消化管の運動 | 抑制 | 促進 |
| 排尿 | 抑制 | 促進 |

## 3 肝臓と腎臓のはたらき

### 肝臓のはたらき

血液中の物質の濃度を調整し, 不要な物質を消化管内に排出する。消化管から心臓へ戻る血液は, 肝門脈を通り一度肝臓に入る。血液中のさまざまな物質の多くは肝臓で処理され全身へ送られる。

**肝門脈**

消化管（胃や小腸）やひ臓から出る静脈が合流。小腸で吸収されたグルコースやアミノ酸などさまざまな物質を含んだ血液が流れる。

#### (1) 血糖濃度の調整

グルコースの一部をグリコーゲンとして貯えたり, グリコーゲンを分解してグルコースを血管に放出したりして, 血糖濃度を調整する。

#### (2) タンパク質の合成・分解

血しょう中のアルブミンや血液凝固に関するタンパク質などの合成, 不要になったタンパク質,

アミノ酸の分解を行う。ヘモグロビンをアミノ酸に分解，含まれる鉄イオンの貯蔵も行う。

## (3) 尿素の合成

有毒なアンモニアを毒性の低い尿素につくりかえる。

## (4) 解毒作用

アルコールや薬物などを酵素で分解し，無害な物質にしたり，体外へ排出させやすくしたりする。

## (5) 胆汁の生成

不要な物質や古くなった赤血球のヘモグロビンから分解されたビリルビンが，胆汁中に排出される。脂肪の消化を助ける胆汁は，胆のうに貯えられ十二指腸で放出され，小腸で消化吸収を促進する。

## 肝臓のはたらき

## 腎臓のはたらき

体液中のイオン濃度や水分量をほぼ一定に保ち，尿素などの老廃物を排出する。

腎臓のはたらきは，以下のとおりである。

### （1）ろ過・尿の生成

腎動脈から流れる血液は，糸球体に送られ，血圧の力で血しょうの一部がボーマンのうに押し出され，ろ過される。この液を原尿といい，押し出された液体は，グルコースやさまざまなイオン，アミノ酸を含む。血液中の血球やタンパク質はろ過されず血液中に残る。

### （2）再吸収

原尿は細尿管に送られ，グルコースやイオン，アミノ酸，水分などが再吸収される。その後，集合管で水分などが再吸収され尿になり，体外へ排出される。

**腎臓の構造**

ヒトの腎臓は背骨の左右に1個ずつある器官で，皮質・髄質・腎うからなる。

**ネフロン（腎単位）**

皮質と髄質にあり，腎小体とそれから伸びる細尿管からなる。1個の腎臓には約100万個のネフロンがある。

**腎小体**

毛細血管が球状に密集した糸球体とそれを囲むボーマンのうからなる。

原尿中の水分の99％が再吸収されます。

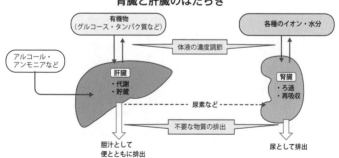

**腎臓と肝臓のはたらき**

# 4 血　液

脊椎動物の体液は，血管内を流れる血液，組織の細胞に直接触れる組織液，リンパ管内を流れるリンパ液に分けられる。

血液は，水分の保持やさまざまな物質の運搬，体温調節，病原体の排除などのはたらきをし，体の恒常性を支えている。液体成分である血しょうと赤血球，白血球，血小板からなる。血球は，骨の内部にある骨髄の造血幹細胞からつくられる。

## 血液の成分

### (1) 赤血球

血液中に存在し，核を持たず，中央がくぼんだ円盤状をしている。多量のヘモグロビンを含み，肺から体の各部へ酸素を運搬している。

### (2) 白血球

血管外にも出ることができ，核を持ち，ヘモグロビンを持たない血球の総称。リンパ球や好中球，マクロファージなど。

### (3) 血小板

核を持たず，円形，楕円形をしている。出血すると傷口に血小板が集まってかたまりをつくり，凝固因子を放出し，血液凝固に作用する。

**酸素ヘモグロビン**

酸素と結合したヘモグロビン。酸素濃度が高いと酸素と結合しやすく，二酸化炭素濃度が高くなると酸素と解離しやすくなる。

**血液凝固**

血小板と血しょう中に含まれる凝固因子のはたらきで，繊維状のタンパク質であるフィブリン（繊維素）の形成が促進され，血球をからめ塊状の血ぺいをつくる。これにより傷口がふさがれ，出血がとまる。血ぺいは，血管が修復された後，酵素によって分解され溶解する。これを繊溶（繊維素溶解）という。

## （4）血しょう

淡黄色の血液の液体成分で，血液の重さの約55％を占める。栄養分や老廃物，二酸化炭素，ホルモン，タンパク質などを運搬する。ナトリウムイオンなどのイオンも含んでいる。

### 血液の循環

哺乳類や鳥などの動物では，血液中に酸素を多く含んだ鮮紅色の動脈血を全身に送る体循環と，酸素の量が少ない暗赤色の静脈血を肺へ送りだす肺循環がある。体循環によって全身を循環して心臓へ戻ってきた静脈血は，肺循環を経て動脈血となり，再び全身へ送られる。

また，毛細血管から滲み出た血しょうは組織液となる。組織液の一部は，リンパ管に入って，リンパ液となる。

**動脈**
心臓から押し出される高い圧力に耐えられるよう，血管壁の筋肉の層が発達している。

**静脈**
血液の逆流を防ぐ弁がある。

**毛細血管**
一層の内皮細胞のみで，血しょうや白血球が隙間を通過できる。

## 5 動物のホルモン

ホルモンは，内分泌腺から血液中に分泌され，血液を介して特定の気管や組織に作用する。内分泌系の調整により，体内環境の維持にはたらく。

## ヒトの内分泌腺とホルモン

| 内分泌腺 | | ホルモン | はたらき |
|---|---|---|---|
| 間 脳 | 視床下部 | 各種の放出ホルモン<br>放出抑制ホルモン | 脳下垂体のホルモン分泌調節 |
| 脳下垂体 | 前 葉 | 成長ホルモン | タンパク質の合成促進 |
| | | 甲状腺刺激ホルモン | 甲状腺ホルモンの分泌促進 |
| | | 副腎皮質刺激ホルモン | 副腎皮質ホルモンの分泌促進 |
| | 後 葉 | バソプレシン | 腎臓の集合管で水再吸収促進<br>血圧上昇 |
| 甲状腺 | | チロキシン | 物資の代謝促進 |
| 副甲状腺 | | パラトルモン | 血液中の$Ca^+$量増加 |
| 副 腎 | 皮 膚 | 鉱質コルチコイド | 体液中の$NA^+$や$K^+$濃度調整 |
| | | 糖質コルチコイド | タンパク質からの糖の生成促進<br>血糖濃度を上昇 |
| | 髄 質 | アドレナリン | 血糖濃度を上昇 |
| すい臓 | A細胞 | グルカゴン | 血糖濃度を上昇 |
| | B細胞 | インスリン | 血糖濃度を低下 |

　ホルモンのはたらきには，以下のようなものがある。

### (1) 血糖濃度の調整

　ヒトの血液中に含まれるグルコースを血糖といい，血液中のその濃度を血糖濃度という。細胞内の呼吸でグルコースが消費されたり，食事によって摂取されたりしても一定の範囲内に調整される。

**糖尿病**

血糖濃度が高い状態が続く病気。インスリンの分泌量が不足したり，反応しにくくなったりして起こる。血糖濃度が高いと腎臓でのグルコースの再吸収が間に合わず，尿中に排出されることがある。高血糖は血管障害（心筋梗塞，脳梗塞など）やさまざまな合併症を引き起こす。

① 高血糖での調整

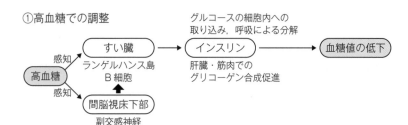

② 低血糖での調整

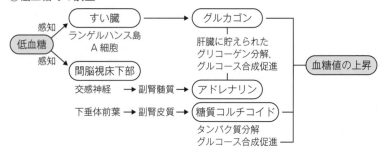

## （2）体温の調節

　外気温度が変化しても，恒温動物では体温を一定に保っている。体温も間脳視床下部が調整中枢となり，自律神経系と内分泌系が協調してはたらくことで調整されている。

## 6 光周性

　生物が昼と夜の長さの影響を受け反応する性質を，光周性という。種子植物では，栄養成長を続けていた細胞が，光や温度の影響を受けて花や種子をつくるための生殖成長に切り替わる。

花芽形成が起こり始める連続暗期の長さを限界暗期といいます。花芽の形成には明期の長さではなく，連続した暗期の長さが影響を与えています。

## 長日植物と単日植物

| 長日植物 | 春から初夏，日長が一定以上に長くなると花芽を形成する植物 | アブラナ，アヤメ，コムギなど |
|---|---|---|
| 短日植物 | 夏から秋，日長が一定以下に短くなると花芽を形成する植物 | キク，アサガオ，サツマイモ，ダイズなど |
| 中性植物 | 花芽形成に日長が関与しない植物 | トマト，エンドウ，トウモロコシなど |

## 7　動物の行動

　特定の刺激に対する定型的な行動を生得的行動といい，経験や学習によって生じる行動を習得的行動という。

## 生得的行動

| かぎ刺激・固定的動作パターン | 特定の刺激が引き金となって起こる特定の決まった行動で，引き金となる刺激をかぎ刺激という。イトヨの求愛ダンス，カイコガのフェロモン。 |
|---|---|
| 定　位 | 動物が特定の方向に体を向ける行動。鳥の渡り。 |
| 走　性 | 動物が光や重力，化学物質などに一定の方向に移動する行動。 |

## 習得的行動

| 条件反射 | 反射とは直接関係のない刺激（条件刺激）によって起こる行動。 |
|---|---|
| 学　習 | 外部の情報からそれに応じた行動をとるようになる行動の変化。慣れ・鋭敏化など。鳥のさえずり。 |
| 刷り込み | 発育初期の限られた時期に行動の対象を記憶する。カモなどの追従行動。 |
| 試行錯誤・知能行動 | 経験から結果を思考や推理し結果を予見し適切な行動をとる。 |

**No.1** ヒトの神経に関する次の文章の空欄に当てはまる語句の組合せとして，妥当なのはどれか。　　　　　　　　　【東京都】

ヒトの自律神経系には，　ア　神経と　イ　神経の2種類があり，これらの神経の両方が分布している組織・器官が多い。

たとえば，心臓に分布する　ア　神経は心臓の拍動を促進し，　イ　神経は心臓の拍動を抑制する。

一般に　ア　神経の末端からは　ウ　と呼ばれる神経伝達物質が，　イ　神経の末端からは　エ　と呼ばれる神経伝達物質がそれぞれ分泌される。

| | ア | イ | ウ | エ |
|---|---|---|---|---|
| **1** | 交感 | 副交感 | ノルアドレナリン | アセチルコリン |
| **2** | 交感 | 副交感 | アセチルコリン | ノルアドレナリン |
| **3** | 交感 | 副交感 | インスリン | ノルアドレナリン |
| **4** | 副交感 | 交感 | インスリン | グルカゴン |
| **5** | 副交感 | 交感 | グルカゴン | インスリン |

生　物

正答と解説

No.1 の解説

　この問では,「心臓に分布する ア 神経は心臓の拍動を促進し, イ 神経は心臓の拍動を抑制する」という記述から, ア 神経が交感神経, イ 神経が副交感神経とわかり, ウ がノルアドレナリン, エ がアセチルコリンとわかる。よって正答は **1** である。

　なお,他の選択肢のグルカゴンとインスリンは,それぞれすい臓ランゲルハンス島の A 細胞と B 細胞から分泌されるホルモンで,グルカゴンは血糖濃度を上げ,インスリンは血糖濃度を下げる。

　自律神経系は単独ではたらくことは少なく,内分泌系と緊密に連携しているため,体の反応は全体的な流れとしてとらえるようにするとよい。日常生活での経験もこの分野の理解につながる。たとえば,電車に間に合わせようと走っている間(交感神経)には感じなかった尿意が,電車に乗り込んで安心した瞬間(副交感神経)にもよおす経験,叱られながら食べるご飯の喉を通らないこと(交感神経),寝ようとすると気管が狭まり咳が出ること(副交感神経),など。

# テーマ ★★ 04 生殖と遺伝

- 生殖の方法の違いと意義を考えよう。
- 遺伝子と遺伝について，その仕組みと関わる物質について学ぼう。

## 1 生 殖

生物の増え方には，無性生殖と有性生殖がある。

無性生殖は，体が分裂したり，体の一部が新たに独立したりして増殖する生殖である。雌雄の関係はない。体細胞分裂によるため，性質はまったく同じになる。

個体の遺伝的な性質が同じ集団をクローンといいます。

### 無性生殖

| 分 裂 | ほぼ同じ大きさに体が分れて増殖する。ゾウリムシ，イソギンチャク。 |
|---|---|
| 出 芽 | 体にできた小さな膨らみが成長して増殖する。酵母，ヒドラ。 |
| 栄養成長 | 植物の栄養器官の一部から新しい個体が生じること。サツマイモの根。 |

有性生殖は，卵や精子のような配偶子の接合による生殖である。配偶子の組合せの結果，親と異なる性質を持つ個体が生じる。

有性生殖を行う生物の体細胞には，相同染色体という，形や大きさが同じ染色体が2組含まれている。これは，それぞれ親から配偶子を介して受け継いだものである。配偶子では減数分裂によっ

**接合**

配偶子どうしの合体（受精）。接合によって生じた細胞（受精卵）を接合子という。

て相同染色体の片方の1組の染色体が存在する。

　染色体の組に関する核内の状態を核相という。単相は1組の染色体（$n$）を持つ核，複相は2組の染色体（$2n$）を持つ核である。

配偶子は単相，体細胞は複相です。

## 2　減数分裂

　減数分裂とは，生殖細胞がつくられるときに起こる分裂である。連続して2回の分裂が起こる。核相が$2n$から$n$に半減される。減数分裂の結果，1個の母細胞から4個の娘細胞が生じる。

### 第一分裂

**（1）前　期**

　母細胞（$2n$）の核内で複製された染色体が紐状になり，相同染色体どうしは平行に並んで二価染色体となる。染色体の部分的な交換，乗換えが起こる。

**（2）中　期**

　染色体が赤道面に並び，両極から染色体に紡錘糸が伸び紡錘体ができる。

**（3）後　期**

　相同染色体が分離し，両極へ移動する。両極に移動した染色体の数は母細胞の半分となる。

減数分裂
第一分裂期前期

▼

中期

▼

後期

▼

終期

▼

**（4）終　期**

染色体の凝縮がとけ核膜が形成され，細胞質分裂が起こり，細胞が二分される。このときの分裂した各細胞の相同染色体は1組（*n*）となっている。

 **第二分裂**

**（1）前期〜後期**

染色体が再び凝縮し，赤道面に染色体が並ぶ。さらに分離して両極へ移動する。

**（2）終　期**

再び染色体が糸状になり，娘核がつくられる。母細胞（2*n*）の半数の染色体を持つ娘細胞（*n*）が4個形成される。

**3　遺　伝**

 **遺伝子**

親から子へ伝える情報は，染色体に含まれるDNA上の**遺伝子**によって遺伝する。染色体上の遺伝子の位置は，生物によって決まっており，その位置を**遺伝子座**という。また，各個体の遺伝子の構成を**遺伝子型**と呼ぶ。体細胞では1つの形質に関する遺伝子が2つ存在するので，AA，Aa，aa のように表される。

減数分裂
第二分裂期前期

▼

中期

▼

後期

▼

終期

対立遺伝子で形質が優性的に現れる遺伝子を大文字，劣性の遺伝子を小文字としてAaのように表します。

## （1）対立遺伝子

同じ遺伝子座に存在する複数の異なる遺伝子。

## （2）ホモ接合

同じ遺伝子が対になっている状態（AA，aa）。

## （3）ヘテロ接合

対立遺伝子が対になっている状態（Aa）。

### 染色体の組合せ

有性生殖では多様な遺伝子の組合せが生じる。$2n = 4$ の生物の場合は4種の生殖細胞がつくられ，接合により，16通り（$4 \times 4 = 16$）の組合せが考えられる。

**染色体の組合せ**

|    | AB   | Ab   | aB   | ab   |
|----|------|------|------|------|
| AB | AABB | AABb | AaBB | AoBb |
| Ab | AABb | AAbb | AaBb | Aabb |
| aB | AaBB | AaBb | aaBB | aaBb |
| ab | AaBb | Aabb | aaBb | aabb |

（例）配偶子　AaBb

→染色体の組合せ：AB，Ab，aB，ab（4種）

接合による組合せ：AaBb × AaBb

→染色体は，AB，Ab，aB，abの4種どうしがそれぞれ組み合わさる。

ヒトの配偶子の染色体数は $n = 23$ であり，配偶子の染色体の組合せは $2^{23}$ 種類となる。受精によって生じる染色体の組合せは，$2^{23} \times 2^{23} = 2^{46}$ となり，70兆を超える。

## 伴性遺伝

性染色体上に遺伝子があることで，性別と関連して遺伝することをいう。キイロショウジョウバエの眼の色の遺伝，血友病など。

## ABO式血液型

常染色体上に遺伝子座がある遺伝形質で，対立遺伝子はA，B，Oの3類。遺伝子A・Bは遺伝子Oに対して優性で，遺伝子A・B間には優劣がない。これを模式的に表すと，A＝B＞Oとなる。この結果，遺伝子型は6種類，表現型はA型，B型，AB型，O型の4種類となる。

### 血液型の表現型と遺伝子型

| 表現型 | 遺伝子型 |
|---|---|
| A型 | AA，AO |
| B型 | BB，BO |
| AB型 | AB |
| O型 | OO |

ABO式血液型は赤血球表面の凝集原（抗原）の種類によって決まる。A型の赤血球には凝集原Aが，B型の赤血球には凝集原Bが，AB型の赤血球には凝集原AとBが存在し，O型の血液にはいずれも存在しない。

血しょう中には凝集素（抗体）があり，A形の血しょうには凝集素βが，B型の血しょうには凝集素αが，AB型の血しょうにはいずれも存在せず，O型の血しょうには凝集素αとβの両方が存在する。凝集原Aは凝集素αと，凝集原Bは凝集素βと，それぞれ凝集（抗原抗体反応）を生じる。

# 4 遺伝子

　生物の形質を決める遺伝情報は，遺伝子の本体であるDNAに記録されている。DNAはヌクレオチドを基本配列とする構造で，その配列が遺伝情報となる。

## ヌクレオチド

　糖（デオキシリボース）に塩基，リン酸が鎖状に結合した状態。塩基にはアデニン（A），チミン（T），グアニン（G），シトシン（C）の4種がある。アデニンとチミン，グアニンとシトシンが対になって結合する（塩基の相補性）。ヌクレオチドどうしは結合してヌクレオチド鎖をつくる。

## 二重らせん構造

　2本のヌクレオチド鎖が，塩基が内側で対になる物どうしが結合し，梯子状にねじれながらつながっている状態。

## 遺伝子組換え

　ある生物から抽出したDNAを，人工酵素などを用いて人為的に加工し，別の生物のDNAに組み込むことで新しい性質を持たせる。この技術を用いて，バイオ医薬品が製造されている。

二重らせん構造

ヒトの ABO 式血液型において，遺伝による親子の血液型の組合せの可能性を示した図として，妥当なのはどれか。ただし，◯◯◯◯ は親を，◻◻◻◻ は子を，それぞれ表す。　【東京都】

**1**

**2**

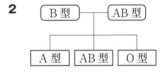

**3**

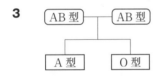

**4**

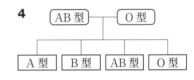

**5**

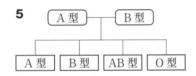

**No.1 の解説**

ABO 式血液型については，p.148 を参照。

対立遺伝子 A，B，O の優劣関係は A＝B＞O であるから，O 型の子が生まれるのは，両親ともに遺伝子 O を持つ場合だけである（AO × AO，AO × BO，OO × OO など）。つまり，両親のうち一方でも AB 型であると O 型の子は生じないとわかる。

この問の選択肢を見ると，いずれも O 型の子が生じているが，**1～4** の一方の親は AB 型であるため，O 型の子は生じないはずである。よって **5** が正答である。なお，**5** の両親の遺伝子型は AO と BO である。

---

**【両親の血液型の組合せと，生じる可能性のある子の血液型】**

A × A → A，O                    B × B → B，O

A × B → A，B，AB，O             B × AB → A，B，AB

A × AB → A，B，AB               B × O → B，O

A × O → A，O


AB × AB → A，B，AB             O × O → O

AB × O → A，B

---

## テーマ 05 ★★★ 生物の集団と歴史

・進化と分類, 系統について整理しよう。
・環境問題について知ろう。

## 1 生態系

### 非生物的環境と生物的環境

生態系とは, 生物とその環境を物質循環とエネルギーの流れの観点から1つのまとまりとしてとらえたものである。

生物にとっての環境は, 非生物的環境と生物的環境からなる。生物と非生物的環境は互いに影響を及ぼし合っている。光や水などの影響を作用, 呼吸や光合成による周囲の環境の変化を環境形成作用（反作用）という。

```
（例）
    光                      酸素発生
    ↓     【非生物的環境】      ↑
   作用                  環境形成作用
    ↓     【生物的環境】         ↑
 植物の光合成      →         酸素増加
```

また, 生物的環境では, 生産者と消費者の間で被食・捕食などのはたらきあいが起こる。これを相互作用という。

**非生物的環境**
気温, 光, 水, 大気, 土壌など。

**生物的環境**
同種異種の生物。

**生産者**
無機物から有機物をつくる独立栄養生物。植物や藻類。

**消費者**
有機物をとり入れて生活している従属栄養生物。動物や菌類・細菌類。

## 食物連鎖

　被食者と捕食者が連続的につながっている関係を食物連鎖という。また，生物の遺骸などから始まる食物連鎖のことを腐食連鎖といい，物質循環において重要なはたらきをしている。

　自然界では，相互作用し合う種は1種どうしではなく，極めて多くの種が，複雑な網目状なつながりを持っている。これを食物網という。また，生産者を底辺として生物の個体数や生産量を栄養段階順に積み上げるとピラミッド型になることから，生態ピラミッドと呼ばれる。

### 生態ピラミッド

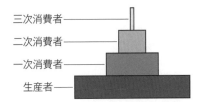

三次消費者────

二次消費者────

一次消費者────

生産者────

## 炭素循環と窒素循環とエネルギーの流れ

　炭素，窒素は生物体に重要な元素である。太陽からの光エネルギーが変換されて生命活動に利用される。

**食物連鎖**

葉がガの幼虫に食べられ，その幼虫を小型の鳥が食べ，さらにその小型の鳥が大型の鳥に食べられるような関係。

**腐食連鎖**

落ち葉を食べるトビムシ，それを食べる肉食のカニムシなどからなる食物連鎖。

## (1) 炭素循環

大気中，水中の二酸化炭素（$CO_2$）を植物が取り込み，有機物を合成するところから始まる。

**炭素循環**

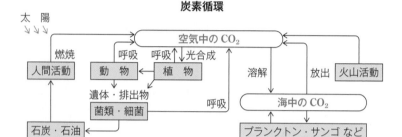

## (2) 窒素循環

大気中の窒素（$N_2$）が，窒素固定細菌によりアンモニウムイオンになり，植物が取り込んで，有機窒素化合物に同化することから始まる。

**窒素同化**
無機窒素化合物→有機窒素化合物
（植物）
有機窒素化合物→より複雑な有機窒素化合物
（すべての生物）

**窒素循環**

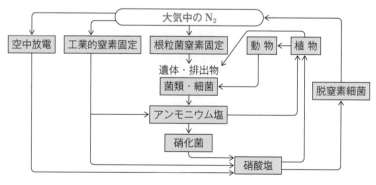

## （3）エネルギーの流れ

　太陽からの光エネルギーは光合成により化学エネルギーになり，生命活動に必要な有機物として貯えられたり消費されたりする。最終的には熱エネルギーとなって生態系から失われ循環しない。

**エネルギーの流れ**

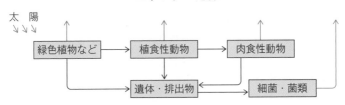

## 植生の遷移

　気候や雨量などのよりさまざまな自然環境に合わせて生育する植物の集まりを植生という。森林，草原，荒原など環境ごとで生育する植物種に特徴がある。また，ある地域の植生が長い年月の間に変化していくことを遷移という。

## （1）一次遷移

　火山の噴火後の溶岩でできた裸地など，土壌も植物の種子もないような場所から始まる遷移。遷移が進むと極相となる。

陸上で始まる遷移を乾性遷移，湖沼などから始まり陸上へ進む遷移を湿性遷移といいます。

## （2）二次遷移

　伐採や山火事などで森林が破壊されたり，耕作地が放棄されたりした場所でみられる遷移。一次遷移よりも短い時間で遷移が進む。

## バイオーム

　さまざまな自然環境に適応した植物や動物，菌類などがお互いに関係を持ちながら形成されるまとまりをいう。

**熱帯多雨林**…ラワン（フタバガキ）

**雨緑樹林**…チーク

**照葉樹林**…クスノキ，スダジイ

**硬葉樹林**…オリーブ，ユーカリ

**夏緑樹林**…ブナ，カエデ類

**針葉樹林**…モミ類，トウヒ類

**サバンナ**…イネ科，アカシア（まばら）

**ステップ**…イネ科

**砂漠**…サボテン，トウダイグサなどの多肉植物

**ツンドラ**…コケ植物，地衣類，コケモモ

> 緯度の違いに伴う気温の変化に沿った分布を水平分布，標高の違いに伴う気温の変化に対応した分布を垂直分布といいます。

## 2　進化

### 進化の要因

　生物の化石の研究などから，長い時間をかけて種ごとに形態や性質が変化していると考えられる

ようになった。進化の要因は，主に突然変異・自然選択・遺伝的浮動・種分化（地理的隔離）などが挙げられている。

## （1）突然変異

　同種内の集団にみられる形質の違いを変異という。細胞分裂などで一定の割合で突然変異は起こるが，生殖細胞で起きた場合，親と異なる遺伝情報を持つことになる。

## （2）自然選択

　生存や生殖に有利な形質を持つ個体が，次世代により多くの子を残すことができるようになること。また，さまざまな変異を持つ個体からなる集団は自然選択によって環境に適応した形質を持つ集団になる。これを適応進化という。

## （3）遺伝的浮動

　自然選択に対して有利でも不利でもなく中立な形質があり，集団内の遺伝子頻度が偶然に左右されて変化されること。このとき，変異も遺伝的浮動によって集団内に広まることを中立進化という。

## （4）種分化

　集団が地理的に分断される地理的隔離によって，隔離された集団と元の集団とでは形質が異なっているったり，新たな種が生じたりすること。

**化学進化と地質時代**

　生物が出現する前の，生物に必要な物質がつくり出される過程を化学進化という。

　また，地球誕生に始まる歴史を，環境変化やそれに伴う生物の絶滅などに基づいて区分したものを地質時代という（p.205 参照）。

**原始大気**
酸化的環境。

**熱水噴出**
高温高圧下，メタン，硫化水素，水素，アンモニアが存在，アミノ酸等が生じる環境にある。

## 3 分　類

 **5界説**

　生物を5つの界に分類する考えで，1969 年にホイッタカーが提唱した。また，1970 年にはマーギュリストの5界説が発表された。

### 5界説

| | 植物界 光合成を行う独立栄養生物 | 菌　界 体外で栄養分を分解・吸収する従属栄養生物 | 動物界 外界から有機物を食物として取り込む多細胞の従属栄養生物 | | |
|---|---|---|---|---|---|
| **真核生物** | 種子植物 シダ植物 コケ植物 | 担子菌類 子のう菌類 | 節足動物 線形動物 環形動物 軟体動物 扁形動物 | 脊索動物 棘皮動物 刺胞動物 海綿動物 | |
| | 原生生物界 単細胞生物やからだの構造が簡単な生物 | | | | |
| | 緑藻類　　褐藻類 紅藻類 | 変形菌類 ケイ藻類 | 細胞性粘菌類 繊毛虫類 | | |
| **原核生物** | モネラ界 原核生物 | | | | |
| | 細　菌　　　古細菌 | | | | |

**3ドメイン説**

生物を3つのドメインに分類する考えで，1990年にウーズが提唱した。遺伝的な差異による分類。

### 3ドメイン説

| 原核生物 | | 真核生物 |
|---|---|---|
| 細菌(バクテリア)<br>シアノバクテリア<br>大腸菌<br>枯草菌 | 古細菌(アーキア)<br>メタン菌<br>高度好塩菌 | 真核生物(ユーカリア)<br>植物<br>菌類<br>動物 |

**植物の分類**

植物は大きく，コケ植物，シダ植物，種子植物の3つに分類される。

```
┌ コケ植物
└ 維管束獲得 ┬ シダ植物
            └ 種子獲得 ― 種子植物 ┬ 裸子植物
                                  └ 被子植物(子房獲得)
```

**動物の分類**

動物は，外界から有機物を植物として取り込む多細胞の従属栄養生物である。

| | 脱皮動物 | | 冠輪動物 | | |
|---|---|---|---|---|---|
| | 線形動物 | 節足動物 | 扁形動物 | 軟体動物 | 環形動物 |
| 旧口動物 | センチュウ<br>カイチュウ | トンボ<br>カブトムシ | ヒラムシ<br>プラナリア | イカ<br>オウムガイ | ミミズ<br>ヒル |

| | 側生動物 | 二胚葉動物 |
|---|---|---|
| | 海綿動物 | 刺胞動物 |
| | カイロウドウケツ | クラゲ・サンゴ |

| | 棘皮動物 | 脊索動物 | |
|---|---|---|---|
| | | 原索動物 | 脊椎動物 |
| 新口動物 | ウニ<br>ヒトデ | ホヤ<br>ナメクジウオ | サル<br>トリ |

さまざまな環境問題が深刻化し，生態系全体を保全する必要性が重要視されている。

### 環境問題

温室効果ガスによる地球温暖化，生活・工業排水，農薬散布による水質汚染，人為的に持ち込まれ自然界で増殖した外来生物，乱獲や生息環境の破壊による絶滅危惧種の問題など。

### 生物多様性保全の重要性

「生態系・種・遺伝子」の3つのとらえ方がある。

#### （1）生態系の多様性

森林と草原と湖沼など異なる生態系が隣接していると多様な生物が生息できる。

#### （2）種の多様性

多様な種で構成されるとさまざまな相互作用が形成され，生態系の撹乱への抵抗性が高くなるといわれている。

#### （3）遺伝的多様性

種内の遺伝子の多様性が高いと，絶滅の可能性

が低くなり種の多様性が保たれやすい。

 **生態系サービス**

　私たち人間が自然（生態系）から受ける恩恵のことを生態系サービスと呼ぶ。食料や木材などの物質的なものだけでなく，土壌や環境など，人間は多くの恩恵を受けて生活している。

| 衣食住に関わるもの |
| --- |
| 水・食料・木材・燃料資源・天然繊維など，人間の生活を支える資源の提供。 |

| 文化や産業に関わるもの |
| --- |
| 伝統文化や農林水産業・アウトドア体験のできる場など，人間の文化や活動を生み，支えとなる環境の提供。 |

| 生活環境に関わるもの |
| --- |
| 土壌での水質浄化・水位調節による洪水の防止など，人間の生活に適した環境の提供。 |

| 生存環境に関わるもの |
| --- |
| 二酸化炭素の削減や酸素の供給・土壌の形成など，生物の生存基盤となる環境の提供。 |

➡ 衣食住や経済活動，文化や産業の振興など，人間の豊かな生活が成り立つ。

No.1 次の文は，窒素の循環に関する記述であるが，文中の空所 A ～ C に該当する語の組合せとして，妥当なのはどれか。【特別区】

植物は，土壌中の硝酸イオンやアンモニウムイオンを吸収し，タンパク質などの有機窒素化合物をつくっている。これを　A　という。

多くの生物は大気中の窒素を直接利用することはできないが，アゾトバクターなどの細菌は大気中の窒素から植物が利用可能な無機窒素化合物をつくることができる。これを　B　という。

土壌中の無機窒素化合物は細菌類により窒素に変えられ，大気中に戻される。これを　C　という。

|   | A | B | C |
|---|------|------|------|
| 1 | 光合成 | 窒素固定 | 脱窒 |
| 2 | 窒素固定 | 光合成 | 呼吸 |
| 3 | 窒素固定 | 窒素同化 | 脱窒 |
| 4 | 窒素同化 | 光合成 | 呼吸 |
| 5 | 窒素同化 | 窒素固定 | 脱窒 |

**正答と解説**

**No.1** の解説

　生態系における窒素の循環は，大気中の窒素（$N_2$）が固定され，アンモニウムイオン（$NH_4^+$）になることから始まる。生物で窒素固定ができるのは，マメ科の根に根粒をつくる**根粒菌**，土壌中のアゾトバクターやクロストリジウム，ネンジュモなどである。

　アンモニウムイオンは植物に吸収されるか，硝化菌（亜硝酸菌と硝酸菌）により硝酸イオン（$NO_3^-$）とされたあと植物に吸収される。植物に吸収された**無機窒素化合物**（アンモニウムイオン，硝酸イオン）は，植物体内でアミノ酸の材料として利用され，タンパク質などの**有機窒素化合物**が合成される。

・大気中の窒素→アンモニウムイオン
　　：窒素固定ー窒素固定細菌（根粒菌，ネンジュモ）
・アンモニウムイオン→硝酸イオン：硝化ー硝化菌（亜硝酸菌と硝酸菌）
・アンモニウムイオン→アミノ酸：窒素同化ー植物
・アミノ酸→タンパク質，他の有機窒素化合物：窒素同化ーすべての生物
・アンモニウムイオン→大気中の窒素：脱窒ー脱窒素細菌
（下線は無機窒素化合物，赤色は有機窒素化合物）

　よって，　**A**　は「アンモニウムイオン(→アミノ酸)→タンパク質」であるから窒素同化，　**B**　は「大気中の窒素→無機窒素化合物」であるから窒素固定，　**C**　は「無機窒素化合物→窒素」であるから脱窒とわかる。よって正答は**5**である。なお，光合成は炭素の循環のスタートであって，窒素の循環に直接関係はないため，選択肢の**1**，**2**，**4**は最初に除外できる。

　上記に示したように，それぞれの過程を明確に区別できるようになる必要がある。さらに，動物や菌類などは窒素同化を行わないという誤解もしばしばみられるが，動物などは無機窒素化合物から窒素同化できないだけであって，アミノ酸からタンパク質やDNAなど各種の有機窒素化合物は合成して

おり，これも窒素同化である。この問を機会に，炭素の循環やエネルギーの流れについても，窒素の循環との違いに注意しながら，確認しておくとよい。

# 地学

・地球の大気の構造を理解しよう。
・地球の大気の循環と熱収支について理解を深め、地球温暖化についての問題意識を持とう。
・地上を吹く風や海流について理解しよう。

## 1 地球の大気の構造

### 地球の大気の成分

地球上の大気は、窒素が約8割、酸素が約2割である。そのほかに二酸化炭素やアルゴン、水蒸気が含まれ、さらにごく微量のネオン、ヘリウム、メタンなども含まれる。高度約80kmを超えると窒素の割合が減りはじめ、高度500kmでは大気の組成は主に酸素とヘリウムになる。

大気中に含まれる水蒸気の量は季節により変化します。

### 地球の大気の構造

地球を取り巻く大気の層を大気圏という。大気圏は、温度変化の様子などから、以下の4圏に分けられている（右図参照）。

### (1) 対流圏（地表〜地上10数km）

100m上昇するごとに約0.65℃の割合で気温が下がる。そのため空気の対流が生じ、さまざまな気象現象が起こる。

気象現象についてはp.176以降で取り上げる。

## (2) 成層圏（地上10数km～50km程度）

　地上30kmあたりにオゾン層が存在し，そこから急に気温が高くなる。対流圏と成層圏の境界を圏界面という。

## (3) 中間圏（地上50km～80km程度）

　高度とともに気温が下がり，中間圏の最上部における気温は大気圏中で最低となる。

## (4) 熱圏（地上80km～500km程度）

　高度とともに気温が上昇し，流星やオーロラが観測される。また，電離層があり，これが電波を反射することで，短波などの電波が遠くに届く。

**オゾン層**

酸素($O_2$)が紫外線を吸収してオゾン($O_3$)となる。オゾンは分解して酸素になり，再びこの反応が繰り返されることにより熱が放出される。地上の多くの生物に有害な紫外線は，ここでかなりの量が吸収される。

**オーロラ**

オーロラは，太陽から放出されている帯電微粒子（太陽風）が，高速で地球の大気中の分子や原子に衝突することによって発生する。地磁気を基準とした緯度60度～70度の領域（オーロラ帯）でよく観察される。
なお，一般に方位磁針が指し示す向きは正確には北極ではなく，磁北極がある方向である（現在，磁北極はカナダの北方にある）。磁北極・磁南極を基準として，磁気緯度が設定される。

### 大気圏の構造

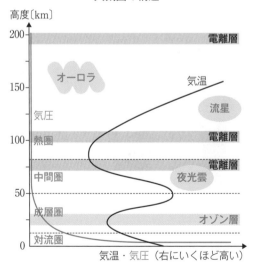

高度〔km〕

電離層
オーロラ
気温
流星
気圧
電離層
熱圏
電離層
中間圏
夜光雲
成層圏
オゾン層
対流圏

気温・気圧（右にいくほど高い）

## 2 地球の熱収支と大気の大循環

### 地球の熱収支

　太陽は，可視光線をはじめとするさまざまな波長の電磁波を放射しており（太陽放射），地球はそのエネルギーを受けている。

　このエネルギーは，地表において水や大気の循環を引き起こし，最終的には主に赤外線の形で地球の外に向けて放射される（地球放射）。結果として，地球全体で受け取るエネルギーと放出するエネルギーは同じになる。これを熱平衡という。

電磁波については，p.51 を参照。

太陽から地球に届いたエネルギーの一部は反射され，また一部は大気中の水蒸気や二酸化炭素によって吸収されます。

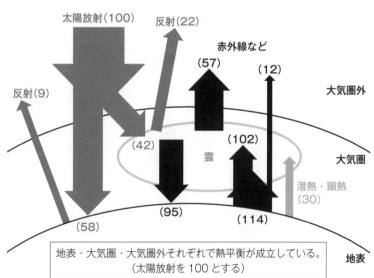

地球の熱収支

地表・大気圏・大気圏外それぞれで熱平衡が成立している。
（太陽放射を 100 とする）

## 温室効果ガスと地球温暖化

前ページの図を見ると，大気と地表との間で，エネルギーのやりとりが多く見られることがわかる。これは地表の熱が，逃げにくくなっていることを意味する。そのため，大気がない場合に比べて，地表の温度が高い状態で熱平衡が成り立つ。このように，大気は地表をあたためる効果があることがわかる。これを温室効果といい，このようなはたらきをする気体を温室効果ガスという。主な温室効果ガスとして，水蒸気，二酸化炭素，メタンなどが挙げられる。

近年，化石燃料の燃焼などにより大気中の二酸化炭素濃度が増加傾向にあり，このことが地球温暖化を招くのではないかと懸念されている。

## 熱収支と熱の輸送

地球全体としてのエネルギー収支はつり合っているものの，実際には太陽放射は地球の赤道付近には多く届くが，高緯度地域にはあまり届かない。一方，地球放射は太陽放射に比べると地域による偏りが少ないため，結果として低緯度地域では熱収支がプラスになり，高緯度地域ではマイナスになってしまう。そのため，低緯度地域から高緯度地域に向けて熱の輸送が行われる。熱の輸送には，①大気によるもの，②海洋によるもの，③潜熱によるもの，などがある。

左に挙げたもののほかに，一酸化二窒素や代替フロンも温室効果ガスに含まれる。

日本では地球温暖化対策として，菅義偉首相が2020年10月に，2050年までに日本の温室効果ガスの排出量を全体としてゼロにすると所信表明演説で発表しています。

## 大気の大循環

　大気は，地球上を循環して，低緯度地域から高緯度地域へと熱の輸送を行っている。

　熱帯収束帯は赤道付近にでき，大気は上昇し，ハドレー循環と呼ばれる流れにより，**亜熱帯高圧帯**に運ばれる。ここで転向力の影響を受けて**亜熱帯ジェット気流**となる。さらに亜熱帯高圧帯からより高緯度地方に向かう空気の流れもジェット気流となる。これらの**偏西風**は蛇行することにより，熱を高緯度地方に移動させる見かけの循環（フェレル循環）を発生させる。

**転向力**

**コリオリの力**ともいう。地球が自転しているためにはたらく，見かけ上の力。

### 大気の大循環モデル（北半球）

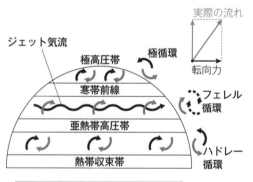

→：上空の流れ　➡：地表の流れ

偏西風は季節によっても変化します。特に，冬季は低緯度側に発達し，夏季は高緯度側に移動します。日本では，夏季を除いて天気は西から周期的に変化することが多いですが，これは偏西風の影響によるものです（詳細は p.177 を参照）。

## 3　地上で吹く風

 **気圧傾度力と地衡風**

空気の状態は一様ではなく，さまざまな要因によって気圧（大気の圧力）の高い所と低い所ができる。気圧の差が生じると，高圧側から低圧側へ気圧傾度力がはたらくが，北半球では直角右向きの転向力がはたらくため，気圧傾度力と転向力がつりあった状態で，上空では等圧線に平行な風が吹く。これを地衡風という。

**地衡風**
地上約 1km よりも上空を吹く風。偏西風も地衡風である。

**地上風**

上空約 1 km 以下で吹く風を地上風という。地上風は，風向とは逆向きの摩擦力の影響を受けやすいため，転向力と摩擦力の和が気圧傾度力とつり合うような方向に吹く。

### 気圧傾度力・転向力と地衡風（北半球）

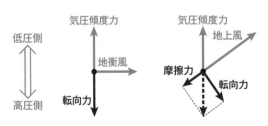

### 低気圧・高気圧の周りの風

　以上のような理由で，北半球では等圧線に沿って，低気圧の周りの上空では反時計回り，高気圧の周りでは時計回りの風が吹く。地上付近では摩擦力を受けて等圧線をまたぐように吹くため，低気圧では中心付近で上昇気流が起きる。また，高気圧では逆に下降気流が起きる。

**低気圧・高気圧周りの風（北半球）**

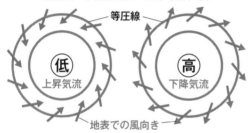

**上昇気流・下降気流**

地表から上空へ大気が上昇する流れを上昇気流という。上昇に伴い大気は冷やされ（→ p.166 参照），雲が発生する。一般に，低気圧付近では天気が悪くなる。

反対に，大気が下降する流れを下降気流という。

---

## 4 地球の海洋

### （1）海流

　海流とは海の表層の水平循環である。海流は風によって生じるもので，転向力を受けて北半球では進行方向に対して右向きに傾く。その結果，亜熱帯高圧帯では，時計回りの大きな流れができる（環流）。海流によって，低緯度地域の熱が高緯度地域へ運搬される。低緯度地域から高緯度地域へ熱を運ぶ海流を暖流，逆に高緯度地域から低緯度地域へ向かう冷たい海水の流れを寒流という。

> 海流にも，海面の高さの差などによる圧力傾度力がはたらき，風と同じような地衡流が存在する。

> 環流は，高緯度ほど転向力が強くなる影響で，その西側の流れが強くなる。日本近海の黒潮はその一例である。

> 海水は，温度の差や塩分の違いによって，表層の海水と海面下の深い部分の海水が入れ替わることもある。海の深い部分での海水の循環を深層循環という。

## (2) 風浪とうねり

前項のように，海水の移動には風が大きく影響する。風によって直接つくられた波を風浪(ふうろう)という。

一方，台風や低気圧などによる強い風によってつくられた波をうねりという。

うねりは，風浪よりも遠方に伝わる。

## (3) 津波

海底地震や海底火山の噴火などによって海底の様子が急激に変化すると，それが海水を動かし，波が発生する。これが津波である。風浪やうねりと異なり，深層の海水も振動する波長の長い波である。

津波は，水深4,000m程度の海洋においては時速700km以上で伝わり，大地震の発生時には地球の裏側にまで届くことがある。波の伝播速度は，水深が浅くなると遅くなる。海岸に届くときには波高が高くなり，時に大きな被害を及ぼすことがある。

多くの津波の波長は，外洋では100kmを超える。発生時の波高が10cm程度でも，沿岸に届くころには波高が5mを超える規模になることもある。2011年に発生した東北地方太平洋沖地震では，高さ10mを超える津波が発生した。

## (4) 高潮

台風が接近すると，気圧が低くなるために海面が持ち上げられ（吸い上げ効果），さらに台風の強い風によって海水が海岸に強く吹き付けられる（吹き寄せ効果）。これらによって海面水位が異常に高くなる現象を高潮という。高潮はしばしば沿岸に大きな被害を及ぼす。

## (5) 潮汐

海水は，月や太陽の引力の影響を受けて水位が周期的に変化する。これを潮汐という。海面が最も高くなる時を満潮，最も低くなる時を干潮という。また，潮汐に伴う海水の流れを潮流という。さらに，太陽と月との位置関係により，潮位（潮汐によって変化する海面の高さ）も変化する。

月・地球・太陽が一直線上に並んだときに，潮位の変化が最も大きくなる。このときが大潮である。このときの月は新月あるいは満月である。

**No.1** 地球のエネルギー収支（熱収支）に関する記述として，最も妥当なのはどれか。 【東京都】

**1** 太陽から宇宙に放出されている電磁波を太陽放射といい，太陽放射の放射エネルギーは赤外線の部分にピークがある。

**2** 単位時間に地球全体が受ける太陽放射エネルギーの量は，太陽定数に地球の表面積をかけた量である。

**3** 地球が吸収する太陽放射エネルギーの量は，地球が宇宙空間に放射するエネルギーの量よりも多い。

**4** 地球表面から放射されるエネルギーは，水蒸気や二酸化炭素には吸収されるが，メタンには吸収されない。

**5** 現在の地球表面の平均温度は約 15℃であるが，大気に温室効果ガスがなければ，地球表面の平均温度は氷点下まで下がると考えられている。

正答と解説

 No.1 の解説

**1✗** 太陽放射の放射エネルギーのピークは，赤外線ではなく可視光線にある。

**2✗** 太陽定数とは，地球の大気の表面で太陽光線に垂直な面が単位面積当たり単位時間に受ける太陽からのエネルギー量のことで，この値はおよそ $1.4\text{kW/m}^2$ である。よって単位時間に地球全体が受ける太陽放射エネルギーの量は，太陽定数に太陽から見た地球の断面積をかけた量になる。

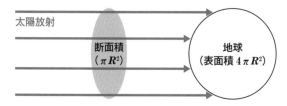

太陽放射

断面積 $(\pi R^2)$

地球 （表面積 $4\pi R^2$）

**3✗** 熱平衡が成り立つので，エネルギーの吸収量と放射量は等しい。

**4✗** メタンは放射エネルギーを吸収する温室効果ガスである。

**5○** 温室効果ガスがないと地球の平均表面温度は$-20℃$近くになると考えられている。よって正答は**5**である。

★★

**テーマ 02**

# 天気の変化

・日本の天気にさまざまな影響を及ぼす気団について
　理解を深めよう。
・前線の特徴を学習し，天気図に対する理解を深めよう。

## 1 気団とその性質

### 気団

　気温や湿度などが，地域の広い範囲にわたって
一定に保たれている空気のかたまりを気団とい
う。気団の多くは高気圧が形づくる。

　気団は，温度によって，熱帯気団・寒帯気団・
極気団などに分類される。また，湿度によって大
陸性気団（乾いている気団）と海洋性気団（湿度
の高い気団）に分けられる。

　日本の周囲には，シベリア気団，オホーツク海
気団，小笠原気団，揚子江気団の4つがある。こ
れらの気団は，発達する季節がおおむね決まって
いて，それによって特徴的な日本の四季がつくら
れる。季節の変化の順に，気団の性質と季節の天
気との関係を見てみよう。

一部，低気圧がつく
る気団（赤道気団な
ど）もある。

揚子江気団（長江気
団ともいう）は気団
に含めないこともあ
ります。

## 日本付近の気団

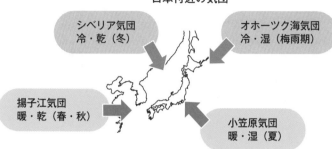

シベリア気団
冷・乾（冬）

オホーツク海気団
冷・湿（梅雨期）

揚子江気団
暖・乾（春・秋）

小笠原気団
暖・湿（夏）

## 春の天気

　春は，天気が西から東に周期的に変わることが多い。この季節に日本に主にやってくる高気圧は移動性高気圧である。移動性高気圧は，長江流域で発生する揚子江気団に由来するものである。揚子江気団は温暖で乾燥している気団である。

## 梅雨の天気

　オホーツク海気団（低温で湿った気団）の高気圧から吹きだす空気と，小笠原気団（高温で湿った気団）の高気圧から吹きだす空気がぶつかって停滞前線をつくる。この停滞前線（梅雨前線）によって梅雨がもたらされる。

## 夏の天気

　小笠原気団が卓越するようになり，前線が北上して消滅すると，太平洋高気圧が本州に張り出す。高温多湿の気団の影響で，日本は蒸し暑くなる。

この季節の移動性高気圧は，上空の偏西風にのって移動する。

**停滞前線**
→ p.179-180 参照。

**やませ**
夏にオホーツク海気団が卓越すると，東北地方の太平洋側に冷たい風が吹き付け，低温になる。これをやませという。

**南高北低型**
本州に太平洋高気圧が張り出したとき，北海道地方以北には低気圧がある形になる。この形を南高北低型といい，夏の代表的な気圧配置である。

### 台風

　小笠原気団の力が弱まってくると，太平洋高気圧の縁を回る形で台風が日本にやってくる。台風の本土上陸数は，8〜9月が最も多い。

### 秋の天気

　再び気団は梅雨の頃と同じような力関係になる。この季節の停滞前線は秋雨前線という。

　その後，気団の力関係は春の天気と同じ状態になる。天気は周期的に変化する。

### 冬の天気

　寒冷で乾燥しているシベリア気団の高気圧（シベリア高気圧）が大陸から張り出し，本州の東海上に低気圧がある状態を西高東低型といい，代表的な冬の気圧配置である。等圧線が南北に密に並び，強い北風が吹く。乾燥した冷気は日本海を渡る間に湿気を蓄え，日本海側に降雪をもたらす。

## 2　天気図と前線

### 天気図

　地図上に天気や気圧などを書きこんだものを天気図という。天気図には，地上の様子を表す地上天気図のほか，上空の様子を表す高層天気図などもある。私たちが普段新聞やニュースで目にする

詳細は後述するが，台風の持つ暖かい空気は赤道気団に由来する。

ときに低気圧が本州の東海上に抜けて猛烈に発達することがある。これを爆弾低気圧と呼ぶことがある（正式な気象用語ではない）。北海道では暴風雪となることが多い。低気圧とはいっても，その勢力は台風を凌ぐものである。

天気を予測するために予想天気図もつくられています。

天気図は，主に地上天気図である。

## 天気図に描かれているもの

　天気図には，高気圧や低気圧の位置と中心気圧が示されている。気圧は，同じ気圧である点を結んだ等圧線によって示されている。また，気団と気団の境界が前線によって表示される。そのほかに，主な気象観測地点の天気と風向・風速・気温・気圧などが記入されている。

## 前線

　前線には温暖前線・寒冷前線・停滞前線・閉塞前線の4種類がある。天気図では次図のように表す。

### 前線の記号

温暖前線　　寒冷前線　　停滞前線　　閉塞前線

## 天気・風向・気温・気圧

　これらは，天気図には次のように記入される。

### 天気・風向・気温・気圧の記号

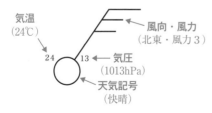

気温（24℃）
風向・風力（北東・風力3）
気圧（1013hPa）
天気記号（快晴）

天気図には，国際的な基準によるものと，日本国内向けの基準によるものとがある。以下，日本式の地上天気図に話を限定して進めることにする。

**等圧線**
等圧線が狭い間隔で並んでいるところは，気圧傾度が大きいところである。したがって，等圧線の込み具合は，風の強さを判断する目安となる。

天気を表す主な記号は次のとおりである。
○：快晴　①：晴れ
◎：曇り　●：雨
⊗：雪

風力と風速の対応は次のとおりである。なお，風力階級は12まである。

風力0　0.3m/s 未満
風力1　0.3〜1.6m/s未満
風力2　1.6〜3.4m/s未満
風力3　3.4〜5.5m/s未満
風力4　5.5〜8.0m/s未満
風力5　8.0〜10.8m/s未満
（以下略）

## 温帯低気圧と前線

　温帯低気圧は気団のぶつかる所（前線上）に発生する。前線上では，暖気と寒気がぶつかるため雨が降り，天気が悪い。

　静的な状態は停滞前線であるが，暖気は寒気より軽いため，何かきっかけがあると暖気が上方に，寒気が下方に移動しようとする。転向力によりこの運動は渦を巻くようになり，低気圧が発生する。これらの運動のうち，暖気側に寒気がもぐりこむ形の前線が寒冷前線，寒気の塊の上方に暖気が乗り上げる形の前線を温暖前線という。したがって，温帯低気圧は前線を伴う。

　一般に，寒気の移動速度の方が暖気の移動速度より速いため，寒冷前線はやがて温暖前線に追いつき，一体となる。これを閉塞前線という。

温帯低気圧は，暖気と寒気が入れ替わり，空気の位置エネルギーが運動エネルギーに変化することによって発生すると考えられます。前線が閉塞すると，変換する位置エネルギーがなくなるために徐々に低気圧は衰退し，やがて消滅します。

**転向力**
→ p.170 参照。

### 寒冷前線と温暖前線の断面

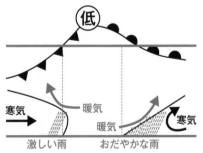

また，前線面の上方には下図のような雲がある。前線は，図でいうと左から右に移動するので，雲の様子を観察すると天候の変化を予測できる。

### 寒冷前線と温暖前線の断面（雲の様子）

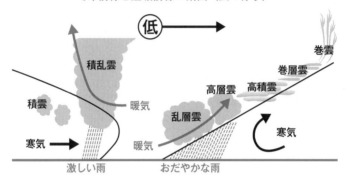

 **熱帯低気圧と台風**

　熱帯や亜熱帯地方で発生する低気圧を，熱帯低気圧という。熱帯低気圧は暖められた海水から受ける潜熱で発達する。温帯低気圧とは違って，天気図上では等圧線がきれいな円形を描く。

　熱帯低気圧が北太平洋西部で発達し，最大風速が17.2mを超えるようになったものを，台風と呼ぶ。台風は太平洋高気圧が弱まるとその縁を進むように北上し，やがて偏西風にのって進路を西寄りに変えて進むことが多い。

# 4 いろいろな気象現象

## フェーン現象

　空気が持ち上げられると，気温が下がり，空気中の水蒸気が冷やされて凝結する。このとき，状態変化に伴って熱が放出される。これを潜熱という。

　ここで，湿った空気が山を上昇する場合を考えてみよう。湿った空気が持ち上げられるのに従って空気は冷やされ，水蒸気が凝結し，雲が発生する。このときの気温の下がり方は，潜熱を受けるため，乾いた空気に比べて緩やかになる。山を越える前にこの空気の塊は降水をもたらし，乾いた空気になる。その後山を越えて再び平地へ戻るが，この時空気は乾いているため，気温の上がり方が大きくなる。これをフェーン現象という。夏に日本海に台風が抜けたときなどに，太平洋側から暖かい南風が吹き込み，日本海側で高温になる。これなどは代表的なフェーン現象の例である。

**潜熱**

液体の水が気体の水蒸気に変わるためには，エネルギーが必要である。夏の暑い時期に打ち水をすると，水が蒸発するときに気化熱を奪って気温が下がる。反対に水蒸気が水滴になるときは，同じ量の熱が放出される。これが潜熱である。

冬型の気圧配置で，北西の季節風が日本海側に吹き付けた後，降雪をもたらし，乾いた空気が太平洋側に流れる。からっ風などと呼ばれるが，これもフェーン現象の一種である。しかし，冬の寒い季節であること，乾いた空気の体感温度は低いことから，あまり実感はない。

## 放射冷却

　テーマ1で述べたように，地表から大気中へは赤外線放射の形で熱が放出される。大気中に雲があるときは，水蒸気がその赤外線を吸収し，その一部を再び地表に向かって放射する。一方，雲がないときは，そのまま大気圏外へエネルギーが放出されるため，地表は雲がある場合よりも冷やされる。風が弱いと空気も入れ替わらないため，気温が大きく下がる。これを放射冷却という。

放射冷却によって空気中の水蒸気が昇華し，氷の結晶として地表の物体についたものを霜といいます。また，放射冷却によって地表が冷やされ，地中の水分が凍ってできたものを霜柱といいます。

### 放射冷却

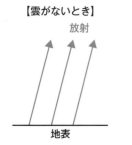
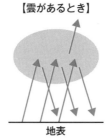

【雲がないとき】　　　　【雲があるとき】

## 霧

　地表から大気中へ赤外線放射の形で熱が放出されると，地表付近の空気が冷やされ，空気中の水蒸気が水滴になり，見通しが悪くなる。これが霧（きり）である。霧は地表にできた雲であると考えればよい。高い山にかさ雲のようなものがかかっているとき，その場所に行くと，霧の中にいるのと同じ状態になる。

放射冷却によって空気中の水蒸気が昇華して氷晶となると，ダイヤモンドダストとなる。視界はそれほど悪くはない。気温が氷点下10℃以下になるとみられることがある。

**No.1** 雲の発達に関する記述中の空所ア～ウに当てはまる語句の組合せとして，最も妥当なのはどれか。　【警視庁】

　大気が上昇すると雲ができ，雲の中で水滴や氷晶が成長して大きくなると雨になる。大気中で空気塊が上昇するのは，その空気塊の気温が周囲の大気の気温より　ア　い場合である。鉛直方向に気温が変化している大気中で，ある高さにある空気塊を鉛直上方に断熱的にわずかだけ持ち上げたとする。このとき，空気塊の気温は断熱減率に従って下がる。この温度が周囲の大気の気温より　ア　ければ，空気塊は上昇を続ける。この場合，大気の状態は　イ　であり，雲は発達しやすい。また，飽和していない空気塊については　ウ　であり，飽和した空気塊については不安定である状態もあり，この場合を条件つき不安定という。

|   | ア | イ | ウ |
|---|---|---|---|
| **1** | 高 | 安定 | 安定 |
| **2** | 高 | 不安定 | 不安定 |
| **3** | 高 | 不安定 | 安定 |
| **4** | 低 | 安定 | 不安定 |
| **5** | 低 | 不安定 | 安定 |

## 正答と解説

### No.1 の解説

　空気塊の気温が周りの温度より「高」いと上昇する。空気塊をわずかに持ち上げたとき，まだ周囲の気温よりも高いと，さらに上昇を続けるので「不安定」である。飽和していない空気は持ち上げたときの気温低下が飽和した空気のときよりも大きいため「安定」といえる。よって，正答は **3** である。

★★

テーマ **03**

# 太陽系と宇宙

- 太陽系の天体の特徴と，地球から見た動きを まとめよう。
- ケプラーの法則を学習し，惑星の運動について 理解を深めよう。

---

## 1 地球と月の運動

### 地球の自転と日周運動

　地球は西から東（北極から見て反時計回り）の 向きに自転している。そのため，太陽は毎日東の 空から昇り，西の空へ沈む。これを太陽の日周運 動という。

　星も観察すると同様の動きをする。天球は一定 の割合で回転し，概ね1日で再び同じ位置に戻っ てくる。このように，地球の自転によって星も日 周運動をする。星の日周運動の周期は，地球の自 転周期と同じで23時間56分である。

### 地球の公転と年周運動

　地球は太陽の周りを約1年かけて回っている （公転）。そのため，地球が1回自転をする間に太 陽は天球上を約1度移動し，約1年間の間に天球 上を1周する。これを太陽の年周運動といい，太 陽の天球上の通り道を黄道という。

**天球**

地球を覆うような大き な球状の天井を仮想し， そこに地球から見える 星を貼り付けたもの。 多くの恒星は，天球に 貼りついて互いの位置 関係を維持しながら日 周運動をする。

> 地球の自転周期を1 恒星日ということが あります。これは， 地球から空のある位 置に見える「恒星」 が再び同じ位置に見 えるようになるまで の時間を表します。

**地軸の傾きによる現象**

　地球の自転軸は，太陽の公転面の垂線に対して 23.4° 傾いているため，太陽の南中高度は年間を通して変化する。単位面積当たりの地表が太陽から受ける熱量が周期的に変わることから，季節が生まれる。

太陽が南中してから次の日に南中するまでの時間を１太陽日という。１太陽日は約 24 時間である。

### 地軸の傾きと季節

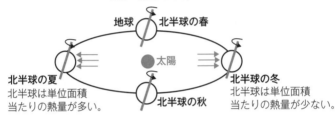

地球　北半球の春

太陽

**北半球の夏**
北半球は単位面積当たりの熱量が多い。

北半球の秋

**北半球の冬**
北半球は単位面積当たりの熱量が少ない。

## 2 太陽系の天体

 **太陽と太陽系の天体**

　太陽は太陽系の中心をなす恒星であり，半径は地球の約 109 倍，質量は地球の約 33 万倍である。

　太陽は主に水素とヘリウムからなり，中心部では核融合反応が起きている。地球からの距離は，約 $1.496 \times 10^8$ km である。表面の温度は約 6,000℃ であるが，中心部では約 1,600 万℃ にもなる。

　太陽には地球を含む８つの惑星があり，そのつくりから地球型惑星と木星型惑星に分けられる。地球型惑星には水星，金星，地球，火星があり，

**核融合反応**
軽い核が融合してより重い核になる核反応。ここでは，水素からヘリウムが生まれる反応をさす。

太陽と地球との距離を１天文単位という。光の速さで約８分 20 秒の距離である。

**惑星**
太陽などの恒星の周りを公転し，球状になれるほどの質量を持っていて，軌道付近に他に大きな天体がないものを惑星という。

平均密度は $4 \sim 5.5\mathrm{g/cm^3}$ 程度，金属の核があるのが特徴である。一方，木星型惑星には**木星，土星，天王星，海王星**があり，平均密度は $0.7 \sim 1.6\mathrm{g/cm^3}$ 程度，岩石や氷の核を持つのが特徴である。

　惑星以外に，**小惑星**（例：ケレス。大部分は木星と土星の間にあり，大きいものは**準惑星**，小さいものは太陽系小天体に分類される），**太陽系外縁天体**（例：冥王星），**彗星**などが太陽の周りを公転している。

 **地球型惑星**

**(1) 水星**

　表面に多数のクレーターがある。大気はないため，気温は昼は $400℃$ を超え，夜は $-170℃$ になる。衛星はない。自転周期は約 60 日である。

**(2) 金星**

　高圧の大気に覆われている。大気の主成分は二酸化炭素であるため，温室効果で地表の温度は $450℃$ を超える。自転周期は約 240 日で，地球とは逆向きに自転している。

**(3) 火星**

　二酸化炭素を主成分とする薄い大気を持つ。平均気温は $-60℃$ ほどで，水は極冠や凍土となっているが，かつては液体の水が存在したと考えられている。地球とほぼ同じ自転周期を持つ。フォボス，ダイモスという 2 つの衛星を持つ。

**準惑星**
惑星のように太陽の周りを公転するが，他の天体を軌道上から排除することができていない天体。2006 年に国際天文学連合によって定義された。

**太陽系外縁天体**
冥王星はかつて太陽系の惑星に分類されたこともあったが，現在は太陽系外縁天体として区別されている。

**彗星**
多くは楕円や放物線・双曲線の軌道を持ち，太陽に近づくと熱や太陽風（→p.167 側注）によりコマや尾ができる。

**クレーター**
隕石や彗星，小惑星などが衝突してできる地形。典型的なクレーターは丸い盆地とそれをとりかこむような山脈からなる。

**衛星**
惑星の周りを公転する天体を衛星という。月は地球の衛星である。

**極冠**
惑星や衛星の極の部分に見られる氷のこと。

 **木星型惑星**

木星型惑星は，さらに巨大ガス惑星（木星・土星）と巨大氷惑星（天王星型惑星＝天王星・海王星）に分けられることもある。また，木星型惑星は環を持ち，多くの衛星を持つ。

### （1）木星

太陽系最大の惑星。水素やヘリウムからなる大気の層があるため，表面には縞模様が見られる。自転周期は，大赤斑の観察から約10時間であることがわかった。イオ，エウロパをはじめ多くの衛星を持つ。

### （2）土星

氷や岩石でできた環を持つ。平均密度は0.7g/cm$^3$であり，太陽系惑星の中では最も小さい。

### （3）天王星

自転軸が公転面に対してほぼ平行であり，これは過去に大きな天体がぶつかったためと推測される。

### （4）海王星

表面が青い色をしているが，これはメタンによる。

### 惑星の運動

　太陽系の惑星はなぜ太陽の周りを公転するので
あろうか。これは，太陽と惑星の間に**万有引力**が
はたらいているからだと考えられる。

　一般に質量を持つ物体どうしには，互いに引き
付け合う力がはたらく。これは惑星がつくられる
際にも大きな役割を果たしたと考えられる。実際
には太陽系の惑星の質量は太陽に比べて極端に小
さいため，太陽に向かって落ちていくような運動
になる。この力が絶えずはたらき続けることに
よって，多くの惑星は太陽を焦点とする楕円運動
をする。

### ケプラーの法則

**（1）第一法則（楕円軌道の法則）**

　惑星は，太陽を焦点とする楕円軌道上を運行す
る。

**（2）第二法則（面積速度一定の法則）**

　太陽と惑星とを結ぶ線分が，単位時間内に通過
する部分の面積は一定である。

**（3）第三法則（調和の法則）**

　太陽と惑星との平均距離の３乗と，公転周期の
２乗との比は一定である。

惑星間の万有引力
は，惑星の運動だけ
ではなく，惑星内の
現象にも影響を及ぼ
します。潮の満ち引
き（→ p.173）などは
その良い例です。

進行方向に対して垂
直な方向に，常に一
定の力がはたらく
と，その物体は等速
円運動をする。ケプ
ラーの法則はこれら
のことから導かれる
法則であるが，物理
分野でも円運動は
扱っていないので，
ここは話として理解
すればよい。興味の
ある人は物理の書物
を参考にしてほしい。

条件によっては（一
部の彗星などでは）
放物運動や双曲線運
動をする天体もあり
ます。このような天
体は太陽から離れる
と二度と戻ってきま
せん。

　これらのことから，楕円軌道を描く惑星の場合，太陽から最も遠い点（遠日点）における公転速度が最も遅く，太陽から最も近い点（近日点）における公転速度が最も速いことや，太陽から遠く離れた惑星ほど，公転周期が長いことなどがわかる。

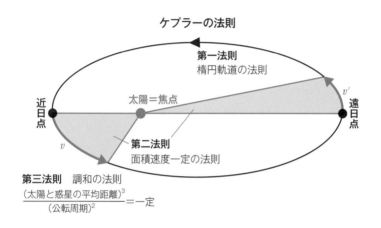

**ケプラーの法則**

**第一法則**
楕円軌道の法則

近日点　太陽＝焦点　遠日点

$v'$

**第二法則**
面積速度一定の法則

$v$

**第三法則**　調和の法則
$$\frac{(\text{太陽と惑星の平均距離})^3}{(\text{公転周期})^2} = 一定$$

## 内惑星と外惑星

　公転の軌道が地球よりも内側である惑星を内惑星，地球よりも外側である惑星を外惑星という。内惑星（水星と金星）は地球から見ると常に太陽の近くにあるように見えるのに対し，外惑星は太陽と逆方向に見えることもある。

　いずれの惑星も，太陽系内を動いているため天球上を移動するが，その移動経路は複雑である。

　内惑星は常に太陽の近くにあるので観測が難しいです。水星の場合，最大離角（最も太陽から離れて見えるときの角度）が30°以下ですが，金星の場合は40°を超えます。このときに明けの明星・宵の明星として観察をすることができます。

191

# 4 恒星の運動

## 恒星

太陽のように，自分で光を出して輝いている星を恒星という。太陽の次に近い恒星はケンタウルス座の α 星で，地球から約 4.38 光年の所にある。光年とは，光が 1 年間に進むことのできる長さを 1 光年と定義した単位であり，1 光年は約 $9.46 \times 10^{12}$ km である。

このように恒星は地球から遠い所にあるため，いつも同じ方向に見え，恒星どうしの位置関係も同じである。そこで天球という概念が生まれ，北極星などの特徴的な星や，星座によって，地球上の方位や位置関係を確かめることができた。

## 恒星の明るさ

恒星の見かけ上の明るさは等級によって表される。等級は明るいほど小さな数字になり，1 等星の星は 6 等星の星よりも 100 倍明るいと定義される。1 等級違うと明るさは約 2.5 倍違うことになる。

しかし，恒星までの距離は星によって異なるので，等級は恒星本来の明るさを表す指標にはならない。そこで，10 パーセクの距離に置いたときの明るさを用いて恒星本来の明るさを比べることがある。これを絶対等級という。

陸地の見えない外洋を航海するときには，天体観測をして船や飛行機の位置を確認することができる。これを天測航法という。

**等級**
太陽は -26.8 等級であり，最も明るい。そのほか，北極星は 2 等級，ベガは 0 等級である。

**パーセク**
年周視差（地球から見たときの星が見える方向と，太陽から見たときの星が見える方向の違いを角度で表したもの）がちょうど 1° になる恒星までの距離を 1 パーセクという。1 パーセクはおよそ $3.09 \times 10^{13}$ km である。

**絶対等級**
たとえば，太陽は 4.8 等級，北極星は-3.6 等級，ベガは0.6 等級となる。

##  恒星の色

恒星の色は青白い色から赤い色までさまざまである。スペクトルによって分類され，その色から恒星の表面温度や，大気の組成などを読み取ることができる。青白い色ほど表面温度が高く，45,000℃に達するものもある。白色のものは約10,000℃で，それより低くなると黄色くなる。太陽が約6,000℃であり，赤い色の星は約3,000℃である。

さらに，特定の元素の存在を表すスペクトル線の位置の"ずれ"から，その恒星の運動の様子（地球に近づいてきているか，遠ざかっているか）などもわかる。

特定の吸収線（星間ガスなどにより吸収される特定のスペクトル）がずれている場合は，ドップラー効果により恒星の運動の様子を観測することもできます。

##  恒星の一生

星と星の間にあるチリなどが集まり，星間雲ができる。やがてそれらが重力によって収縮し，原始星となる。収縮によって熱を持つようになり，やがて星の中心部で核融合反応が始まる（主系列星）。中心部の水素がなくなると，反応は次第に外側で起こるようになり，表面温度が下がり巨大化する（赤色巨星）。やがて燃え尽き，ガスを失いながら収縮し，白色わい星となる。

一般に大きな星ほど寿命が短い。太陽は推定年齢約46億年であり，主系列星に相当する。約60億年後には赤色巨星になると考えられている。太陽より極端に大きな星の場合は，超新星爆発を起こしてブラックホールになるものもある。星の一生はHR図（ヘルツシュプルング・ラッセル図）などで図式化される。

**No.1**

**太陽に関する記述として，最も妥当なのはどれか。**

【警視庁】

**1** 太陽のエネルギー源は，ウランの核分裂反応である。

**2** 太陽光をプリズムに通すと，光が虹色に分かれる。光を波長で分けたものをスペクトルという。

**3** 太陽の黒点は周囲よりも温度が低いため暗く見え，黒点数が極小になる黒点極小期には太陽の活動が活発になる。

**4** 太陽の活動が活発なときに太陽表面で起こる一種の爆発現象をプロミネンスという。

**5** 太陽の彩層からコロナの中に吹き上げたように見える赤い炎のようなガスをフレアという。

**No.2**

**太陽系の惑星に関する記述として，妥当なのはどれか。**

【特別区】

**1** 火星の半径は地球の約半分で，極付近には極冠と呼ばれる白い部分があり，二酸化炭素を主成分とする大気もわずかに存在する。

**2** 水星は木星型惑星で，太陽系内で太陽に最も近い軌道上を公転し，表面には大気は存在しない。

**3** 金星の半径は地球の約2倍で，表面は硫酸の厚い雲で覆われ，地球に比べ低温である。

**4** 海王星は地球型惑星で，半径は地球の約4倍あり，大気の主成分であるメタンが青色を吸収するため，表面は青緑色に見える。

**5** 土星の半径は地球の約11倍で，太陽系内で最大の惑星であり，大気の主成分は水素と二酸化炭素である。

正答と解説

No.1 の解説

**1 ✕** 太陽のエネルギー源は，主に水素からヘリウムができる**核融合反応**。

**2 ○** 太陽から届く白色光はさまざまな波長の光が混ざっているため，プリズムに通すと分けられ，紫から赤色までの**スペクトル**ができる。

**3 ✕** 太陽の黒点は周囲よりも温度が低く（約 4,400℃），暗く見える。太陽の活動周期は**約 11 年**で，黒点の数の少ない時期は，極小期と呼ばれ，太陽の活動は不活発で磁場も弱くなる。

**4 ✕** プロミネンスは，太陽の表面（彩層）から外側に広がる気体の層（コロナ）に向かって立ち上る炎のことで，紅炎ともいう。温度は 10,000℃程度で，数か月にわたって安定に存在するものと短命のものがある。

**5 ✕** フレアは太陽面で起こる爆発現象で，莫大な量のエネルギーを放出するため，**デリンジャー現象**などの通信障害を及ぼすことがある。温度は 2,000 万℃に達する。

No.2 の解説

**1 ○** 火星の半径は地球の約半分である。火星の大気の主成分は二酸化炭素であるが，大気圧は地球の 0.6％しかない。

**2 ✕** 水星は太陽から最も近い惑星である。太陽から近い順に，水星，金星，地球，火星となり，ここまでが**地球型惑星**，そして木星，土星，天王星，海王星と続き，これらが**木星型惑星**である。

**3 ✕** 金星の大きさは地球とほぼ同じである。大気の主成分は二酸化炭素で，地表の大気圧は 90 気圧を超える。地表の気温は地球よりはるかに高温である。なお，高度 60km 付近には硫酸の厚い雲が存在する。

**4 ✕** 海王星の半径は地球の約 4 倍で，メタンにより青緑色に見えるが，木星型惑星（あるいは**天王星型惑星**）の仲間である。

**5 ✕** 土星の半径は地球の約 9 倍で，大気の主成分は**水素**と**ヘリウム**である。なお，太陽系内最大の惑星は木星で，半径は地球の約 11 倍である。

★★★

テーマ

**04**

# 地球の構成と歴史

・地震の起こる仕組みや地震波の伝わり方を学習し，地球の構造についての理解を深めよう。
・火成岩の学習を通して，マグマや火山の噴火についての理解を深めよう。

## 1 地球の構成

### 地球の形

地球が球体であることは，月食の観測や，外洋に出ていく船が下方から見えなくなることなどからわかるが，実際は赤道方向にややふくらんだ球形をしている。これを地球楕円体といい，地球の自転の遠心力によるものと考えられている。地球の平均半径は約 6400km で，現代では GPS などを利用してより正確な大きさや形がわかっている。

**地球楕円体**
地球がこのような形であるため，重力(→p.13)の値は場所によって異なる。
偏平率は左図でいうと $\dfrac{a-b}{a}$ で表され，その値は $\dfrac{1}{298}$ である。

**地球の半径**
古くは紀元前にエラトステネスが，シエネとアレキサンドリアで太陽の南中高度を測定し比較することにより，地球の半径を測定している。

**GPS**
Global Positioning System。カーナビゲーションシステムなどにも利用されている。

### 地球の形

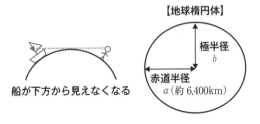

**【地球楕円体】**

船が下方から見えなくなる

**極半径** $b$

**赤道半径** $a$（約 6,400km）

**地球の内部構造**

　地球の内部は，大きく地殻・マントル・核の3つの層からできている。核はさらに液体の**外核**と固体の**内核**に分けられる。一方，マントルと地殻の部分は，硬さによって**リソスフェア，アセノスフェア，メソスフェア**に分けることもある。

**地球の内部構造**

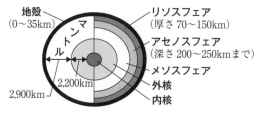

　地殻の構造は，大陸部分と海洋部分ではやや異なっている。**大陸上部地殻**は花崗岩質の岩石でできている。一方，**大陸下部地殻（海洋地殻）**は玄武岩質の岩石でできており，玄武岩質の岩石のほうが，花崗岩質の岩石より密度が高い。さらにその下部にはかんらん岩質のマントルがある。地殻とマントルの境界面では地震波の伝わり方が大きく変わることがわかっており（後述），この境界面を**モホロビチッチ不連続面（モホ面）**という。

 **プレートテクトニクス**

　リソスフェアはいくつかの**プレート**に分かれて

核は主に鉄でできている。液体の外核では対流が起こり，それによって地磁気が維持されると考えられている（ダイナモ理論）。

リソスフェアは硬い層，アセノスフェアは柔らかい層である。

地殻を構成する岩石はマントルの上に浮いていると考えられる。このとき，マントル内の同じ深さの場所では，どこも同じ圧力がはたらくはずである。そのため，地上に厚い大陸上部地殻がある部分では，密度の高いかんらん岩質の層が薄くなっている。このような説を**アイソスタシー**という。

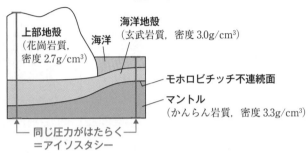

地殻の構造

上部地殻
（花崗岩質，
密度 2.7g/cm³）

海洋

海洋地殻
（玄武岩質，密度 3.0g/cm³）

モホロビチッチ不連続面

マントル
（かんらん岩質，密度 3.3g/cm³）

同じ圧力がはたらく
＝アイソスタシー

おり，アセノスフェアの流れに乗って移動する。プレートは海嶺で生まれ，年に数 cm の速さで移動し，海溝に沈み込む。特に日本近海は多くのプレートの境界域になっていて，太平洋プレートが北アメリカプレートやフィリピン海プレートに沈み込むところに日本海溝やマリアナ海溝がある。この沈み込む部分には"歪み"が生じやすく，プレートの境界域は地震の多発帯や火山の分布と対応している。このように，プレートから火山や地震などの現象を説明する考え方をプレートテクトニクスという。

## 2 地震

 地震

地殻の内部で岩石が急激に動いて断層ができたとき，大地の震動が発生する。これを地震という。

**断層**
①岩盤が引っ張られることによってできる正断層，②圧縮する力によってできる逆断層，③横にずれる横ずれ断層の３種類がある。最近数十万年の間にできた断層で，今後も活動する可能性のあるものを活断層という。活断層は日本全国各地にある。断層面はときに地表にも現れる。なお，火山性の地震など断層の活動を伴わないものもある。

岩石が急激に動くことによって，地殻がゆっくり動いて(地殻変動)たまった"歪み"が解消される。発生した地震は波として地中を伝わる。

　地震の発生した場所を震源といい，その真上の地表の点を震央という。地震の規模が大きいときは，震源となった断層の周りにも細かい断層を生じる場合がある。これを震源域という。また，大きな"歪み"を解消するために，一定の地域内で「ひとまとまりの地震」が繰り返されることがある。この中で最大規模のものを本震という。

　地震の規模はマグニチュードで表される。マグニチュードの測定方法は何種類かあるが，マグニチュードが1大きくなると，地震の規模が32倍になる。

## 地震波

　地震の波は，主にP波とS波として伝わる。P波は縦波（疎密波）で，すべての媒質中を伝わる。一方，S波は横波で，固体のみに伝わる。

　地震が起こると，まず伝わる速度の速いP波が伝わり，小さな揺れが感じられる。少し遅れて，大きな揺れのS波が伝わる。P波が伝わってからS波が伝わるまでの時間を初期微動継続時間という。初期微動継続時間の長さから，震源からのおおよその距離を判断することができる。

　S波が到着した後の振動を主要動という。複数

地震波にはP波・S波のほかに，地表を伝わる表面波もある。

**縦波（疎密波）・横波**
→ p.46 参照。

の地点でこのような地震波を観測することにより，震源を推定することができる。

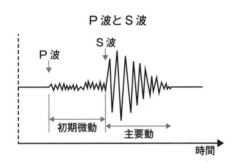

## P波とS波

P波

S波

初期微動　主要動

時間

　なお，P波・S波とも震央距離103°を超えると観測されなくなり，P波のみ143°を超えると再び観測される。これは，先に述べた地球の内部構造を裏付けるものである。

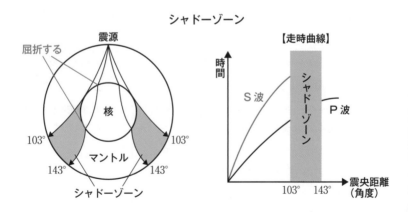

## シャドーゾーン

屈折する

震源

核

【走時曲線】

時間

S波

シャドーゾーン

P波

103°　　　　103°

143°　　　　143°

マントル

シャドーゾーン

103°　143°

震央距離（角度）

　地震の揺れの大きさは震度で表される。震度は

0～7までの10段階（震度5と6はそれぞれ強・弱に細分化されている）に分かれている。

**震度の目安**

| 震度0 | 人には揺れはわからない |
|---|---|
| 震度1 | 屋内にいる人の一部が揺れを感じる |
| 震度2 | 屋内にいる人の大半が揺れを感じる |
| 震度3 | 棚の食器が音を立てることがある |
| 震度4 | 歩行中の人でも揺れを感じる。吊り下げたものが大きく揺れる |
| 震度5弱 | 固定していない家具が移動することがある |
| 震度5強 | 固定していない家具が倒れることがある。自動車の運転が困難になる |
| 震度6弱 | 地割れ，がけ崩れ，地すべりが生じることがある |
| 震度6強 | 大きな地割れ，山体の崩壊が起こることがある |
| 震度7 | 大きな地割れ，山体の崩壊が起こることがある |

## 3 火山と火成岩

### マグマと火成岩

　地下100km付近で，かんらん岩が部分溶融をし発生したマグマは，地殻まで上昇し，マグマだまりをつくる。このマグマが冷えて固まり，岩石となったものを火成岩という。

　火成岩のうち，マグマが地下深くでゆっくりと冷えて固まったものを深成岩という。深成岩には斑れい岩，閃緑岩，花こう岩などがあり，いずれ

も鉱物の大きさがほぼそろっている（等粒状組織）。

　一方，マグマが火山の噴火などで急激に冷やされてできた岩石を火山岩といい，玄武岩，安山岩，流紋岩などがある。火山岩にはガラス質組織の石基と斑晶からなる斑状組織が見られる。

火山が噴火すると，溶岩の他に火山ガス，火山弾や軽石，火山灰なども発生します。

## マグマの分化と火山の形

　深成岩や火山岩に色々な種類があるのは，マグマの質（成分）に違いがあるからである。

　かんらん岩が部分溶融して最初にできるマグマは玄武岩質マグマで，ケイ素の含有量が少ない。造岩鉱物が結晶化する温度は鉱物によって異なるため，まず斑れい岩が析出すると，よりケイ素の含有量の多い安山岩質マグマとなる。さらに閃緑岩が析出すると，よりケイ素の含有量が多く低温の流紋岩質マグマとなる。これを結晶分化作用という。以上をまとめると下表のようになる。

**火成岩の分類**

| SiO₂含有量 | 50%以下 | | 60%以上 |
|---|---|---|---|
| 火山岩 | 玄武岩 | 安山岩 | 流紋岩 |
| 深成岩 | 斑れい岩 | 閃緑岩 | 花崗岩 |
| マグマ | 玄武岩質マグマ | 安山岩質マグマ | 流紋岩質マグマ |
| 特徴 | ・有色鉱物が多い<br>・比重が大きい<br>・粘性が小さい | | ・有色鉱物が少ない<br>・比重が小さい<br>・粘性が大きい |

※ SiO₂については p.96 を参照。

　マグマの造岩鉱物が異なると，粘性も異なる。粘性の小さい玄武岩質マグマの溶岩からは溶岩台地や楯状火山ができる。粘性が上がるにつれて成層火山，溶岩ドーム，カルデラができやすくなる。日本近海のようなプレートが沈み込む場所では，結晶分化作用が進み粘性の大きなマグマとなる。

**マグマの粘性と地形**

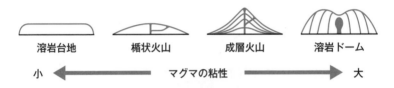

| 溶岩台地 | 楯状火山 | 成層火山 | 溶岩ドーム |

小　◀━━━━━━━ **マグマの粘性** ━━━━━━━▶　大

## 4　岩石の種類

ここでは，火成岩以外の岩石について確認しましょう。

### 堆積岩

　堆積物が続成作用を受けて固結すると堆積岩になる。砕屑物（礫，砂，粘土など）が堆積したものは，その粒の大きさによって大きい順に，礫岩，砂岩，泥岩に分類される。火山砕屑物（火山灰など）が堆積したものは，特に凝灰岩として分類される。そのほかに，生物の遺骸が続成作用を受けたものは，石灰岩（$CaCO_3$），チャート（$SiO_2$），石炭（植物由来）などと呼ばれる。

**続成作用**
堆積物の重みにより圧縮され，さらに水分が押し出されて溶けていた成分が堆積物の間にしみこんでセメント化される。

**堆積岩**
岩塩や石膏なども堆積岩の一種である。

## 変成岩

主に堆積岩が，変成作用を受けて別の岩石に変わることがある。これを変成岩という。変成作用は主に熱によるものと圧力によるものに分けられる。熱による変成作用を受けてできた変成岩を接触変成岩といい，圧力による変成作用を受けてできた変成岩を広域変成岩という。

接触変成岩の例として，大理石やホルンフェルスがある。また，広域変成岩の例としては，結晶片岩，片麻岩などがある。

## 5 地球の歴史と化石

### 示相化石と示準化石

生物の遺骸や，足跡などの痕跡が地層の中に残されたものを化石という。

化石の含まれている地層ができた当時の環境の推定に役立つ化石を示相化石という。一方，地層ができた当時の年代を判断するのに役立つ化石を示準化石という。

### 地質時代と代表的示準化石

地球が誕生してから，人が誕生するまでの時代を地質時代という。主な地質時代と代表的な示準化石を次表にまとめておく。

たとえば，サンゴの化石が出れば，暖かくて浅い海であったとわかります。シジミの化石が出れば，汽水域であったことがわかります。ブナの葉の化石が出れば，温帯のやや寒冷な場所であったことがわかります。

## 地質時代と示準化石

| | 時代区分 | 年代 | 主な出来事 | 示準化石 |
|---|---|---|---|---|
| | 先カンブリア時代 | 46～5.41億年前 | 地球の誕生<br>最古の化石 | |
| 古生代 | カンブリア紀 | 5.41～4.85億年前 | 魚類の出現 | 三葉虫<br>フデイシ |
| | オルドビス紀 | 4.85～4.43億年前 | | |
| | シルル紀 | 4.43～4.19億年前 | 最古の陸上動物 | |
| | デボン紀 | 4.19～3.59億年前 | | フズリナ・シダ植物 |
| | 石炭紀 | 3.59～2.99億年前 | ハ虫類の出現 | |
| | ペルム紀（二畳紀） | 2.99～2.52億年前 | 両生類の繁栄 | アンモナイト |
| 中生代 | トリアス紀（三畳紀） | 2.52～2.01億年前 | ホ乳類の出現 | 恐竜 |
| | ジュラ紀 | 2.01～1.45億年前 | 鳥類の出現<br>被子植物の出現 | 裸子植物 |
| | 白亜紀 | 1.45～0.66億年前 | | |
| 新生代 | 古第三紀 | 6600～2300万年前 | ウマ・ゾウの祖先の出現 | 被子植物 |
| | 新第三紀 | 2300～260万年前 | | |
| | 新第四紀 | 260万年前～ | 人類の出現 | |

205

**No.1** 地震に関する記述として，妥当なのはどれか。

【特別区】

**1** 地震の規模は，震度で表され，日本では気象庁の定めた10段階の震度階級が使われている。

**2** 地震による揺れの大きさは，マグニチュードで表され，マグニチュードが1大きくなると地震のエネルギーは約32倍になる。

**3** 余震は，本震の後に引き続き起こる地震であり，その発生回数は時間の経過とともに増加する。

**4** 震源では，横波のP波と縦波のS波が同時に発生するが，観測点にはP波のほうが先に到達する。

**5** 初期微動継続時間は，P波とS波の到達時刻の差であり，震源までの距離が遠いほど長くなる。

**No.2** 地球の内部構造に関する記述として，妥当なのはどれか。

【東京都】

**1**　地殻は，大陸地殻と海洋地殻とに分けられ，それぞれの岩質は同一であるが，大陸地殻に比べて海洋地殻のほうが厚みがある。

**2**　モホロビチッチ不連続面は，地殻とマントルとの境の面であり，面の地殻側とマントル側とで地震波の伝わる速度は異なる。

**3**　マントルは，地殻と核との間の層であり，地殻に比べて密度が小さく，その主な成分は鉄である。

**4**　核は，地下約2,900kmで，外核と内核とに分けられ，外核は固体，内核は液体である。

**5**　地球内部の温度は，地下約30kmまでは1km深くなるごとに平均約3℃の割合で高くなるが，その後は地球の中心までほぼ一定である。

## 正答と解説

### No.1 の解説

**1✕** 地震の規模はマグニチュードで表す。

**2✕** 震度は揺れの大きさを表すものである。なお，マグニチュードが1大きくなると地震のエネルギーが約32倍になる，という記述は正しい。

**3✕** 一般に余震は時間の経過とともに減少する。なお，余震は本震の後に引き続き起こるのが一般的であったが，2016年4月14日の熊本地震（マグニチュード6.5）では，当初これを本震として気象庁は発表したが，16日にマグニチュード7.3の地震が発生した。これを受けて，防災上の観点から，気象庁は以後「余震」という言葉の使用を控えている。

**4✕** 地震波はP波のほうがS波より先に到達するが，P波は縦波，S波は横波である。

**5〇** P波とS波の伝播速度の違いが到達時間の差になるため，震源からの距離が遠いほど，一般に初期微動継続時間は長くなる。

### No.2 の解説

**1✕** 一般に，大陸部では大陸地殻の方が海洋地殻より厚みがある。これはアイソスタシーによるものと考えられている。

**2〇** モホロビチッチ不連続面のマントル側では，地殻側よりも地震波の伝わる速度が速い。したがって，震源から一定の距離を超えると，マントルを伝わってきた地震波のほうが早く伝わる。

**3✕** マントルは地殻に比べて密度が大きい。また，マントル上部は主にかんらん岩でできている。

**4✕** 外核と内核の境界は地下約5,100mの所である。また，外核が液体，内核が固体と考えられている。

**5✕** 地球内部の温度は，地下約30kmまで（地殻）は100m深くなるごとに平均約3℃の割合で高くなる。また，地下30kmより深いマントルにおいても，深い部分ほど温度が高くなる。

Chapter

# 05

# 数学

## テーマ ★★
# 01 式と計算

・文字を含む式の計算方法を理解しよう。
・重要な法則は，例題を解きながら
確実に身につけよう。

---

## 1 式と計算の基本法則

### 指数法則

$a$ を $n$ 個掛けたものを $a^n$ で表し，$a$ の $n$ 乗という。

（例）$a^3 = a \times a \times a$，　$(-1)^2 = (-1) \times (-1)$

---

**指数法則**

$m$，$n$ を正の整数とするとき，

$$a^m \times a^n = a^{m+n}$$

（例）$x^4 \times x^5 = x^{4+5} = x^9$，　$x \times x^3 = x^{1+3} = x^4$

---

### 乗法公式と因数分解

次の①〜⑩において，左の式を「展開」すると右の式になり，右の式を「因数分解」すると左の式になる。

---

**乗法公式と因数分解**

① $(a+b)^2 = a^2 + 2ab + b^2$

② $(a-b)^2 = a^2 - 2ab + b^2$

---

**指数**

$a^n$ における $n$ を，$a^n$ の指数という。

$$a^1 = a$$
$$a^0 = 1$$
$$a^{-1} = \frac{1}{a}$$

**展開**

単項式と多項式や，多項式どうしの積の形をした式のかっこをはずして，単項式の和の形に表すことを，もとの式を展開するという。

**因数分解**

多項式をいくつかの単項式や多項式の積の形で表すとき，一つひとつの式をもとの多項式の因数という。
多項式をいくつかの因数の積の形で表すことを，その多項式を因数分解するという。

③ $(a + b)(a - b) = a^2 - b^2$

④ $(x + a)(x + b) = x^2 + (a + b)x + ab$

⑤ $(ax + b)(cx + d) = acx^2 + (ad + bc)x + bd$

⑥ $(a + b)^3 = a^3 + 3a^2b + 3ab^2 + b^3$

⑦ $(a - b)^3 = a^3 - 3a^2b + 3ab^2 - b^3$

⑧ $(a + b)(a^2 - ab + b^2) = a^3 + b^3$

⑨ $(a - b)(a^2 + ab + b^2) = a^3 - b^3$

⑩ $(a + b + c)^2$
   $= a^2 + b^2 + c^2 + 2ab + 2bc + 2ca$

〔例題１〕 $\dfrac{\sqrt{5}}{\sqrt{5} - \sqrt{2}}$ の分母を有理化しなさい。

**分母の有理化**
分母に根号（ルート）を含まない形に直すこと。

〔解説〕

$$\frac{\sqrt{5}(\sqrt{5} + \sqrt{2})}{(\sqrt{5} - \sqrt{2})(\sqrt{5} + \sqrt{2})}$$

分母を計算するとき，$a = \sqrt{5}$，$b = \sqrt{2}$として乗法公式③を用いる

$$= \frac{\sqrt{5} \times \sqrt{5} + \sqrt{5} \times \sqrt{2}}{(\sqrt{5})^2 - (\sqrt{2})^2}$$

$$= \frac{5 + \sqrt{10}}{5 - 2} = \frac{5 + \sqrt{10}}{3}$$

〔例題２〕

(1) $(2x + 3)^3$ を展開しなさい。

(2) $(x + y)^2 - 4(x + y) + 4$ を因数分解しなさい。

〔解説〕

(1) 乗法公式⑥で，$a = 2x$，$b = 3$とする。

$$(2x + 3)^3$$
$$= (2x)^3 + 3 \times (2x)^2 \times 3 + 3 \times 2x \times 3^2 + 3^3$$
$$= 8x^3 + 3 \times 4x^2 \times 3 + 3 \times 2x \times 9 + 27$$
$$= 8x^3 + 36x^2 + 54x + 27$$

⑥$(a + b)^3$
$= a^3 + 3a^2b + 3ab^2 + b^3$を使います。

(2) $x + y$が繰り返し出てくるので，$x + y$を1つの文字でおき，公式を利用する。$x + y = t$とすると，

$$(x + y)^2 - 4(x + y) + 4$$
$$= t^2 - 4t + 4 \quad \boxed{\text{乗法公式②}}$$
$$= (t - 2)^2 \quad \text{を用いる}$$
$$= (x + y - 2)^2$$

②$(a - b)^2$
$= a^2 - 2ab + b^2$を使います。

## 整式の除法

$x$の整式$f(x)$を，整式$p(x)$で割ったときの商を$q(x)$，余りを$r(x)$とすると，以下の式で表せる。

$$f(x) = p(x)q(x) + r(x)$$

(例) $x^3 - 2x^2 + x + 2$を$x - 2$で割ったとき

$$
\begin{array}{r}
x^2 \phantom{xxx} + 1 \\
x - 2 \overline{) x^3 - 2x^2 + x + 2} \\
\underline{x^3 - 2x^2 \phantom{xxxxxx}} \\
x + 2 \\
\underline{x - 2} \\
4
\end{array}
$$

となるので，商は$x^2 + 1$，余りは4である。また，
$x^3 - 2x^2 + x + 2 = (x - 2)(x^2 + 1) + 4$で表せる。

**整式**
単項式と多項式を合わせて整式という。

**除法**
割り算のこと。

## 剰余の定理

整式 $f(x)$ を $(x-a)$ で割ったときの余り $r$ は,

$$r = f(a)$$

**剰余の定理**

整式 $f(x)$ を $(x-a)$ で割ったときの商を $Q(x)$, 余りを $r$ とすると,
$f(x) = (x-a)Q(x) + r$
と表される。この式に $x = a$ を代入すると,
$f(a) = (a-a)Q(a) + r$
$f(a) = 0 \times Q(a) + r$
$f(a) = r$
となり, 剰余の定理になる。

〔**例題3**〕　$x^3 + 2x - 1$ を $x - 3$ で割ったときの余りを求めなさい。

〔**解説**〕

　剰余の定理より, $f(x) = x^3 + 2x - 1$ を $x - 3$ で割ったときの余りは, $r = f(3)$ だから,

$$f(3) = 3^3 + 2 \times 3 - 1 = 27 + 6 - 1 = \mathbf{32}$$

「剰余」とは余りのことです。整式を1次式で割ったとき,商を求めずに余りだけ求めるときに,この定理を使います。

## 因数定理

整式 $f(x)$ が $(x-a)$ で割り切れるときは,

$$f(a) = 0$$

〔**例題4**〕　$x^2 + px - 2$ が $x - 1$ で割り切れるときの $p$ の値を求めなさい。

〔**解説**〕

　$f(x) = x^2 + px - 2$ とすると, $f(x)$ が $x - 1$ で割り切れる条件は, 因数定理より, $f(1) = 0$ だから,

$$f(1) = 1^2 + p \times 1 - 2 = 0$$

$$1 + p - 2 = 0$$

$$p = 1$$

**因数定理**

整式 $f(x)$ が $(x-a)$ で割りきれるとき, 余りが0になるということだから, 剰余の定理で $r = 0$ とすれば因数定理になる。

## 1次方程式

$a \neq 0$のとき，$ax = b$の解は$x = \dfrac{b}{a}$となる。

## 2次方程式

$a \neq 0$のとき，2次方程式$ax^2 + bx + c = 0$の解は次の公式で求めることができる。

### 解の公式

$$x = \frac{-b \pm \sqrt{b^2 - 4ac}}{2a}$$

（例）$2x^2 - 5x + 1 = 0$の解を解の公式を用いて解くと，$a = 2$，$b = -5$，$c = 1$だから，

$$x = \frac{-(-5) \pm \sqrt{(-5)^2 - 4 \times 2 \times 1}}{2 \times 2}$$

$$= \frac{5 \pm \sqrt{25 - 8}}{4} = \frac{5 \pm \sqrt{17}}{4}$$

2次方程式$ax^2 + bx + c = 0$の左辺が**因数分解**できるのであれば，次のように解を求めることもできる。

$a(x - \alpha)(x - \beta) = 0$と因数分解できる場合，
解は，$x = \alpha$，$\beta$

**方程式**

たとえば，$x$の値によって成り立ったり成り立たなかったりする等式を，$x$についての方程式という。また，方程式を成り立たせる$x$の値を，方程式の解といい，方程式の解を求めることを，方程式を解くという。

解の公式を用いれば，どの2次方程式も解くことはできますが，左辺が因数分解できるのであれば因数分解した方が早く計算できます。

（例）$x^2 - 3x - 4 = 0$ の左辺を因数分解すると，

$$(x - 4)(x + 1) = 0$$

$$x = 4, \ -1$$

 **解の判別**

$a \neq 0$ で，係数が実数のとき，2次方程式 $ax^2 + bx + c = 0$ について，$b^2 - 4ac$ を判別式といい，$D$ で表す。

---
**解の種類の判別**

2次方程式 $ax^2 + bx + c = 0$ の解の種類は，判別式 $D = b^2 - 4ac$ の符号によって，次のようにまとめられる。

| | |
|---|---|
| $D > 0$ | 異なる2つの実数解を持つ |
| $D = 0$ | 1つの実数解（重解）を持つ |
| $D < 0$ | 実数解を持たない（異なる2つの虚数解を持つ） |

---

〔**例題5**〕　$3x^2 - 5x + 4 = 0$ の解の種類を判別しなさい。

〔**解説**〕

$a = 3$，$b = -5$，$c = 4$ だから，

$$D = (-5)^2 - 4 \times 3 \times 4$$

$$= 25 - 48 = -23 < 0$$

$D < 0$ だから，$3x^2 - 5x + 4 = 0$ は実数解を持たない（異なる2つの虚数解を持つ）。

**実数**
有理数と無理数を合わせて実数という。

**符号**
数の正や負を表す記号のこと。「＋」を正の符号，「－」を負の符号という。

**虚数**
$a$ を実数，$b$ を0以外の実数，$i = \sqrt{-1}$ としたとき，$a + bi$ と表される数のこと。

解の公式を用いて，この方程式を解くと，
$$x = \frac{5 \pm \sqrt{-23}}{6}$$
となり，解は実数ではありません（根号〈ルート〉の中が負の数になります）。

### 2次方程式の解と係数の関係

$a \neq 0$のとき，2次方程式$ax^2 + bx + c = 0$の解を$\alpha$，$\beta$とすると，以下の関係が成り立つ。

$$\alpha + \beta = -\frac{b}{a}, \quad \alpha\beta = \frac{c}{a}$$

〔例題6〕 $x$の2次方程式$x^2 - \frac{1}{4}x - \frac{1}{8} = 0$の

解の和を求めなさい。

〔解説〕

2次方程式$x^2 - \frac{1}{4}x - \frac{1}{8} = 0$の解を$\alpha$，$\beta$とする

とき，解と係数の関係より，$\alpha + \beta = -\dfrac{-\frac{1}{4}}{1} = \dfrac{1}{4}$

$$-\frac{-\frac{1}{4}}{1} = -\left(-\frac{1}{4}\right) \div 1$$
$$= \frac{1}{4} \div 1 = \frac{1}{4}$$

## 3 不等式

### 大小関係の性質(1)

#### 不等式の性質(1)

① $a > b$，$b > c$ならば，$a > c$

② $a > b$ならば，任意の$c$について$a + c > b + c$

③ $a > b$，$c > 0$ならば，$ac > bc$

④ $a > b$，$c < 0$ならば，$ac < bc$

⑤ $a > b > 0$，$c > d > 0$ならば，$ac > bd$

⑥ $a \geqq b$ならば，$a - b \geqq 0$

⑦ $a - b \geqq 0$ならば，$a \geqq b$

**不等式**

不等号$>$，$<$，$\geqq$，$\leqq$の記号を使って数量の関係を表した式。

**任意**

数学においては「すべて」という意味で，どんな数を選んでもよいことを表す。

②にあるように，不等式では，両辺に同じ数を足したり引いたりしても，不等号の向きは変わらない。このことから，不等式も，方程式と同じように項を移項することができることがわかる。

(例) $x + 5 > -2$という不等式について考えてみよう。

不等式の性質(1)②より，$x + 5 - 5 > -2 - 5$

左辺を整理すると，$x > -2 - 5$

これは，$x + 5 > -2$の左辺の5を右辺に移項した式と同じである。

　また，④にあるように，不等式では，両辺に同じ負の数を掛けたり，両辺を同じ負の数で割ったりすると，不等号の向きが変わる。

　不等式のすべての項を左辺に移項して整理したとき，左辺が$x$の1次式になる不等式を，$x$についての**1次不等式**という。

　$x$についての不等式において，不等式を満たす$x$の値をその不等式の**解**といい，不等式のすべての解を求めることを，その不等式を**解く**という。

〔例題7〕　1次不等式$-3x > 12 - x$を解きなさい。

〔解説〕

　　$-x$を左辺に移項して，　$-3x + x > 12$

　　　　　　　　　　　　　　　　$-2x > 12$

　　不等式の性質(1)④より，両辺を$-2$で割って，

　　　　$x < -6$

「両辺を$-2$で割る」というのは，両辺に$-\dfrac{1}{2}$を掛けることと同じです。

いくつかの不等式を組み合わせたものを連立不等式といい，それらの不等式を同時に満たす$x$の値の範囲を求めることを，連立不等式を解くという。

〔例題8〕 連立不等式 $\begin{cases} 5x - 1 \leqq 2x + 6 \\ 3x + 2 < 4x + 1 \end{cases}$ を解きなさい。

〔解説〕

$5x - 1 \leqq 2x + 6$ から，$5x - 2x \leqq 6 + 1$

$$3x \leqq 7$$

両辺を3で割って，$x \leqq \dfrac{7}{3}$ …①

$3x + 2 < 4x + 1$ から，$3x - 4x < 1 - 2$

$$-x < -1$$

両辺を $-1$ で割って，$x > 1$ …②

①と②の共通範囲を求めて，

$$1 < x \leqq \dfrac{7}{3}$$

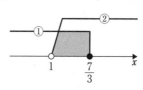

数直線の○はその数を含まないことを，●はその数を含んでいることを表します。

## 大小関係の性質(2)

### 不等式の性質(2)

$a > 0$，$b > 0$ のとき，

$a > b$ ならば，$a^2 > b^2$，$\sqrt{a} > \sqrt{b}$

## 2次不等式の解

$a > 0$とする。$ax^2 + bx + c = 0$の2つの解を$\alpha$，$\beta$（$\alpha < \beta$）とすると，この2次不等式の解は次のように表される。

### 2次不等式の解

| $ax^2 + bx + c > 0$の解の範囲 | $x < \alpha，\ \beta < x$ |
| --- | --- |
| $ax^2 + bx + c < 0$の解の範囲 | $\alpha < x < \beta$ |

〔例題9〕　2次不等式$x^2 - x - 6 \geqq 0$を解きなさい。

〔解説〕

$x^2 - x - 6 = 0$を解くと，$x = -2，3$

よって，$x^2 - x - 6 \geqq 0$の解は，$x \leqq -2，3 \leqq x$

## 4 2次関数の計算

## 2次関数の式の変形

$y$が$x$の2次式で表される関数を$x$の2次関数といい，一般に$y = ax^2 + bx + c$（$a \neq 0$）の形で表される。また，そのグラフは放物線である。放物線には対称軸があり，放物線と対称軸との交点を放物線の頂点という。

2次関数$y = ax^2 + bx + c$（$a \neq 0$）について，グラフは以下のようになる。

---

### 2次不等式

不等式のすべての項を左辺に移項して整理したとき，左辺が$x$の2次式になる不等式を，$x$についての2次不等式という。

2次不等式の解を求めるとき，$x^2$の係数が負の場合は，正にしてから解きます。たとえば，2次不等式
　$-x^2 + 3x + 4 < 0$
は，両辺に$-1$を掛けて
　$x^2 - 3x - 4 > 0$
と変形して解きます。

### 2次関数のグラフ

### 対称軸

ある直線を折り目として折ったとき，折り目の両側がぴったりと重なる図形のことを線対称という。このとき折り目にした直線を対称軸という。

## 2次関数のグラフ

| | | |
|---|---|---|
| $a > 0$のとき | グラフは下に凸 | |
| $a < 0$のとき | グラフは上に凸 | |

また，2次関数$y = ax^2 + bx + c\,(a \neq 0)$を変形して，$y = a\left(x + \dfrac{b}{2a}\right)^2 - \dfrac{b^2 - 4ac}{4a}$とすると，グラフの対称軸と頂点を求めることができる。

この変形を「平方完成」といいます。

## 対称軸と頂点

| 対称軸の式 | $x = -\dfrac{b}{2a}$ |
|---|---|
| 頂点の座標 | $\left(-\dfrac{b}{2a},\ -\dfrac{b^2 - 4ac}{4a}\right)$ |

〔例題10〕 2次関数$y = -x^2 + 2x + 3$のグラフの，対称軸の式と頂点の座標を求めなさい。

〔解説〕

$a = -1$, $b = 2$, $c = 3$を，対称軸と頂点の式にそれぞれ代入すると，

対称軸の式：$x = 1$

頂点の座標：$(1,\ 4)$

**対称軸と頂点**

2次関数$y = a(x - p)^2 + q$の対称軸の式は$x = p$，頂点の座標は$(p,\ q)$である。

$y = ax^2 + bx + c$を変形すると，

$y = ax^2 + bx + c$

$= a\left(x^2 + \dfrac{b}{a}x\right) + c$

$= a\left(x + \dfrac{b}{2a}\right)^2 + c - \dfrac{b^2}{4a}$

$= a\left(x + \dfrac{b}{2a}\right)^2 - \dfrac{b^2 - 4ac}{4a}$

となるので，

対称軸の式は$x = -\dfrac{b}{2a}$

頂点の座標は

$\left(-\dfrac{b}{2a},\ -\dfrac{b^2 - 4ac}{4a}\right)$

となる。

## 2次関数の最大値・最小値

2次関数 $y = ax^2 + bx + c$ $(a \neq 0)$ の最大値・最小値について，以下のことが成り立つ。

### 最大値と最小値

| | | |
|---|---|---|
| $a > 0$のとき | 最大値：なし<br><br>最小値：$-\dfrac{b^2 - 4ac}{4a}$ | $a > 0$<br><br>最小 |
| $a < 0$のとき | 最大値：$-\dfrac{b^2 - 4ac}{4a}$<br><br>最小値：なし | $a < 0$<br><br>最大 |

〔例題11〕　2次関数 $y = x^2 + 4x + 3$ の最小値を求めなさい。

〔解説〕

$a = 1$，$b = 4$，$c = 3$ を，上表上段の式に代入すると，

$$-\frac{b^2 - 4ac}{4a} = -1$$

**No.1**　$3x^2 - 10x - 8$ を因数分解したものとして，最も妥当なものはどれか。　　【東京消防庁】

**1**　$(x + 2)(3x - 4)$

**2**　$(x - 1)(3x + 8)$

**3**　$(x - 2)(3x - 4)$

**4**　$(x - 4)(3x + 2)$

**5**　$(x + 4)(3x - 2)$

## 正答と解説

**No.1** の解説

乗法公式⑤ $(ax + b)(cx + d) = acx^2 + (ad + bc)x + bd$ を用いる。

> 与えられた式のすべての項に共通する数や文字がなく，$x^2$ の係数が 1 ではない場合，乗法公式⑤を用いる場合が多い。

このとき，「たすきがけ」を用いると，因数分解しやすい。

**たすきがけ**

①$x^2$ の係数が $ac$ なので，積が $ac$ となるような 2 つの数 $a$ と $c$ を見つける

②定数項が $bd$ なので，積が $bd$ となるような 2 つの数 $b$ と $d$ を見つける

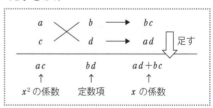

> ③ $a$ と $d$ の積，$b$ と $c$ の積の和が，$x$ の係数と一致するものを見つける

　$3x^2 - 10x - 8$ をたすきがけを用いて因数分解する場合，

①$x^2$ の係数が3なので，積が3となるような2つの数は1と3

②定数項が $-8$ なので，積が $-8$ となるような2つの数は

　　$1$ と $-8$，$2$ と $-4$，$8$ と $-1$，$-2$ と $4$

③1と2の積，3と $-4$ の積の和は，$x$ の係数 $-10$ と一致する（他の組合せは，

　$x$ の係数 $-10$ と一致しない）

　したがって，$3x^2 - 10x - 8 = (x - 4)(3x + 2)$

　よって，正答は **4** である。

　なお，答えが選択肢から選ぶ形式であれば，選択肢の式を展開して問題文の式と一致するものを選んでもよい。

　本問の場合，選択肢の式を展開すると，

**1**　$(x + 2)(3x - 4) = 3x^2 + 2x - 8$

**2**　$(x - 1)(3x + 8) = 3x^2 + 5x - 8$

**3**　$(x - 2)(3x - 4) = 3x^2 - 10x + 8$

**4**　$(x - 4)(3x + 2) = 3x^2 - 10x - 8$

**5**　$(x + 4)(3x - 2) = 3x^2 + 10x - 8$

　となり，問題文にある式と **4** の結果が同じである。よって，**4** が正しいとして答えることもできる。

・図形の基本的な性質をしっかり覚えよう。
・図形に関する公式（特に三角比の公式）を使いこなせるようになろう。

## 1 平面図形の基本性質

### 三平方の定理（ピタゴラスの定理）

直角三角形の直角を挟む2辺の長さを $a$, $b$, 斜辺の長さを $c$ とすると，次の関係が成り立つ。

$$c^2 = a^2 + b^2$$

**直角三角形**
1つの内角が直角（90°）である三角形。

**斜辺**
直角三角形の直角に対する辺のこと。

〔**例題1**〕 次の直角三角形の $x$ の値を求めなさい。

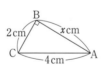

〔**解説**〕

斜辺が4cmであるから， $4^2 = 2^2 + x^2$

$$x^2 = 4^2 - 2^2 = 12$$

$x > 0$ であるから， $x = 2\sqrt{3}$〔cm〕

$x^2 = 12$ を解くと，
$$x = \pm 2\sqrt{3}$$
となりますが， $x$ は辺の長さなので， $x$ は正の数です。よって，
$$x = 2\sqrt{3}$$
となります。

**三角形の合同条件**

次の各条件が成り立つとき，2つの三角形は合同である。

**合同**
2つの図形がぴったり重なり合う関係にあること。

① 3組の辺がそれぞれ等しい。

- $a = a'$
- $b = b'$
- $c = c'$

② 2組の辺とその間の角がそれぞれ等しい。

- $a = a'$
- $c = c'$
- $\angle B = \angle B'$

③ 1組の辺とその両端の角がそれぞれ等しい。

- $a = a'$
- $\angle B = \angle B'$
- $\angle C = \angle C'$

 **三角形の内角・外角の性質**

① 三角形の3つの内角の和は180°である。

$$\angle A + \angle B + \angle C = 180°$$

② 三角形の1つの**外角**は，その隣りにない2つの内角の和に等しい。

$$\angle D = \angle A + \angle C$$

**内角・外角**
図の∠A, ∠B, ∠Cのように，三角形の内部にできる角を内角という。三角形の辺を延長し，隣り合う辺となす角を外角という。

〔例題2〕 図の∠x, ∠yの大きさを求めなさい。

「三角形の内角の和は180°」であることと、「∠x＋∠y＝180°」であることから、∠yが∠xを除く2つの内角の和に等しいことがわかります。

〔解説〕

三角形の内角・外角の性質①より，

$$\angle x = 180 - (65 + 70)$$

$$= 45°$$

三角形の内角・外角の性質②より，

$$\angle y = 65 + 70 = 135°$$

平行四辺形

2組の向かいあう辺が，それぞれ平行な四角形を平行四辺形という。

AB//DC, AD//BC

平行四辺形の向かいあう辺のことを「対辺」，向かいあう角のことを「対角」ということもある。

---

**平行四辺形の性質**

①2組の向かいあう辺は，それぞれ等しい。

AB ＝ DC, AD ＝ BC

②2組の向かいあう角は，それぞれ等しい。

∠A ＝ ∠C, ∠B ＝ ∠D

---

**平行四辺形の性質①**

**平行四辺形の性質②**

## 円とその接線

図のように，円と直線が1点だけを共有すると
き，直線は円に接するとい
う。また，直線 $\ell$ が円Oに
接しているとき，直線 $\ell$ を
円Oの接線，点Aを接点
という。

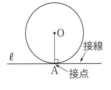

---

### 円の接線の性質

① 円の接線は，その接点を通る半径に垂直で
ある。

② 円の外部の点Pからその円に引いた2本
の接線の長さは等しい。

---

**円の接線の性質②**

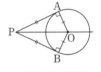

## 円周角と中心角

図のような円Oにおいて，弧 AB を除いた円
周上に点Pをとるとき，∠APB を弧 AB に対す
る円周角という。また，∠AOB を弧 AB に対す
る中心角という。

円周上に2点A，B
をとるとき，円周の
AからBまでの部分
を，弧 AB といいま
す。

**円周角**
円周角の大きさは0°
より大きく，180°より
小さい。

## 円周角の定理

① 1つの弧に対する円周角の大きさは，その弧に対する**中心角**の大きさの半分である。

$$\angle APB = \frac{1}{2}\angle AOB$$

② 同じ弧に対する円周角の大きさは等しい。

$$\angle APB = \angle AQB$$

円周角の定理の①を応用すると，半円の弧に対する円周角は，直角となる。

上の図において，ABは直径で，

$$\angle APB = 90°$$

である。

〔**例題3**〕 図の$\angle x$，$\angle y$の大きさを求めなさい。

〔**解説**〕

円周角の定理①より， $\angle x = \dfrac{1}{2} \times 76 = 38°$

円周角の定理②より， $\angle y = 40°$

$\angle x$は弧ABに対する円周角なので，その大きさは弧ABに対する中心角の半分になります。

弧BCに対する円周角の大きさはすべて等しいので，$\angle y = \angle BDC$となります。

## 2 空間図形

### 平面と直線の位置関係

直線 $\ell$ と平面 P の位置関係には，次の3つの
場合がある。

① 直線が平面上にある

② 交わる

③ 平行である

特に，直線 $\ell$ が平面 P と点
A で交わっていて，点 A を通
る平面 P 上のすべての直線と
垂直で交わるとき，直線 $\ell$ と
平面 P は垂直であるという。

### 2直線の位置関係

空間内の2直線 $\ell$，$m$ の位置関係には，次の3
つの場合がある。

① 交わる（同じ平面上にある）

② 平行である（同じ平面上にあり，交わらない）

③ ねじれの位置にある（同じ平面上になく，交
わらない）

**平面と直線の位置関係**

①

②

③

**2直線の位置関係**

①

②

③

〔例題4〕 この直方体の辺と面について，以下の問いに答えなさい。

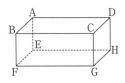

① 面 ABCD に平行な辺はどれか。

② 面 ABCD と垂直に交わる辺はどれか。

③ 辺 AB と垂直に交わる辺はどれか。

④ 辺 AB と平行な辺はどれか。

⑤ 辺 AB とねじれの位置にある辺はどれか。

〔例題4の解答〕
① EH, FG, EF, HG
② AE, BF, CG, DH
③ AD, AE, BC, BF
④ DC, EF, HG
⑤ CG, DH, EH, FG

# 3 三角比の計算

## 三角比の定義

右図のような直角三角形の鋭角の1つ∠CABを $\theta$ とすると（$0° < \theta < 90°$），直角三角形 ABC において，sin, cos, tan を次のように定義する。

$$\sin \theta = \frac{a}{b} \qquad \cos \theta = \frac{c}{b} \qquad \tan \theta = \frac{a}{c}$$

三角比の定義を考えるときは、三角形の向きに注意。直角を右下に、考える角を左下にしなければまりません。

以下，基本的な三角比の値をまとめておく。

### 基本的な角の三角比の値

| $\theta$ | $\sin\theta$ | $\cos\theta$ | $\tan\theta$ |
|---|---|---|---|
| $0°$ | $0$ | $1$ | $0$ |
| $30°$ | $\dfrac{1}{2}$ | $\dfrac{\sqrt{3}}{2}$ | $\dfrac{1}{\sqrt{3}}$ |
| $45°$ | $\dfrac{1}{\sqrt{2}}$ | $\dfrac{1}{\sqrt{2}}$ | $1$ |
| $60°$ | $\dfrac{\sqrt{3}}{2}$ | $\dfrac{1}{2}$ | $\sqrt{3}$ |
| $90°$ | $1$ | $0$ | （なし） |
| $120°$ | $\dfrac{\sqrt{3}}{2}$ | $-\dfrac{1}{2}$ | $-\sqrt{3}$ |
| $135°$ | $\dfrac{1}{\sqrt{2}}$ | $-\dfrac{1}{\sqrt{2}}$ | $-1$ |
| $150°$ | $\dfrac{1}{2}$ | $-\dfrac{\sqrt{3}}{2}$ | $-\dfrac{1}{\sqrt{3}}$ |
| $180°$ | $0$ | $-1$ | $0$ |

$0°<\theta<90°$ のときは，
$\sin\theta>0$
$\cos\theta>0$
$\tan\theta>0$
$90°<\theta<180°$ のときは，
$\sin\theta>0$
$\cos\theta<0$
$\tan\theta<0$
になります。

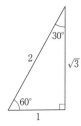

$30°$，$45°$，$60°$ の三角比は，次の直角三角形の辺の長さの関係から導ける。

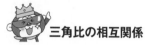 **三角比の相互関係**

① $\tan \theta = \dfrac{\sin \theta}{\cos \theta}$ （ただし，$\theta \neq 90°$）

② $\sin^2 \theta + \cos^2 \theta = 1$

③ $(\sin \theta + \cos \theta)^2 = 1 + 2 \sin \theta \cos \theta$

このほかに，

$1 + \tan^2 \theta = \dfrac{1}{\cos^2 \theta}$

という関係もある。

〔**例題5**〕 $0° \leqq \theta \leqq 180°$ とする。$\cos \theta = -\dfrac{1}{3}$

のとき，$\sin \theta$，$\tan \theta$ の値を求めなさい。

三角比の相互関係の
③は，左辺を展開す
れば右辺を導くこと
ができる。
　$(\sin \theta + \cos \theta)^2$
$= \sin^2\theta + 2\sin\theta\cos\theta$
　$+ \cos^2\theta$
$= (\sin^2\theta + \cos^2\theta)$
　$+ 2\sin\theta\cos\theta$
$= 1 + 2\sin\theta\cos\theta$

〔**解説**〕

三角比の相互関係②より，

$$\sin^2 \theta + \left(-\frac{1}{3}\right)^2 = 1$$

$$\sin^2 \theta = 1 - \left(-\frac{1}{3}\right)^2$$

$$= 1 - \frac{1}{9} = \frac{8}{9}$$

$0° \leqq \theta \leqq 180°$ のとき，$\sin \theta > 0$ だから，

$\sin \theta = \dfrac{2\sqrt{2}}{3}$

また，三角比の相互関係①より，

$$\tan \theta = \frac{\sin \theta}{\cos \theta} = \sin \theta \div \cos \theta$$

$$= \frac{2\sqrt{2}}{3} \div \left(-\frac{1}{3}\right) = -2\sqrt{2}$$

$\cos \theta < 0$ のとき，
$\theta$ は $90° < \theta < 180°$
だから，$\tan \theta < 0$ で
す。求めた $\tan \theta$ の
値は $-2\sqrt{2}$ なので，
確かに負の値になっ
ています。

 **正弦定理**

正弦
sin のこと。

△ ABC の外接円の半径を $R$ とすると,

$$\frac{a}{\sin A} = \frac{b}{\sin B} = \frac{c}{\sin C} = 2R$$

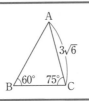

正弦定理を用いると, 1辺と2角からほかの2辺の長さを求めることができます。

〔例題6〕　△ABCで,

∠B = 60°, ∠C = 75°,

CA = $3\sqrt{6}$ のときのBC

の長さを求めなさい。

〔解説〕

　∠B = 60°, ∠C = 75° だから,

　　∠A = 180 − (60 + 75) = 45°

　BC = $a$, CA = $b$ とすると, 正弦定理より,

　　$$\frac{a}{\sin A} = \frac{b}{\sin B}$$

だから,

　　$$\frac{a}{\sin 45°} = \frac{3\sqrt{6}}{\sin 60°}$$

　　$a = 3\sqrt{6} \div \sin 60° \times \sin 45°$

　　　$= 3\sqrt{6} \div \dfrac{\sqrt{3}}{2} \times \dfrac{1}{\sqrt{2}} = 6$

 **余弦定理**

△ABC について，

$$a^2 = b^2 + c^2 - 2bc \cos A$$

$$b^2 = c^2 + a^2 - 2ca \cos B$$

$$c^2 = a^2 + b^2 - 2ab \cos C$$

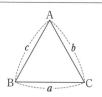

**余弦**

cos のこと。

余弦定理を用いると，三角形の2辺の長さとその間の角の大きさがわかっている場合，残りの辺の長さを求めることができます。

〔**例題7**〕 △ABCにおいて，AB = 8, AC = 5，∠BAC = 60°のときのBC の値を求めなさい。

〔解説〕

余弦定理 $a^2 = b^2 + c^2 - 2bc \cos A$を用いる。

$b = 5$, $c = 8$, $A = 60°$だから，

$$a^2 = 5^2 + 8^2 - 2 \times 5 \times 8 \cos 60°$$

$$= 25 + 64 - 2 \times 5 \times 8 \times \frac{1}{2}$$

$$= 25 + 64 - 40$$

$$= 49$$

$a > 0$より，$a = BC = 7$

 **三角形の面積**

△ABCの面積$S$は，次の式で求められる。

$$S = \frac{1}{2} bc \sin A = \frac{1}{2} ca \sin B = \frac{1}{2} ab \sin C$$

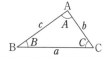

〔例題8〕　△ABCで，AB = 4，BC = 9，
∠B = 30°であるとき，△ABCの面積を求め
なさい。

〔解説〕

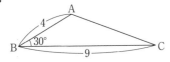

　三角形の面積を求める式のうち，

$$S = \frac{1}{2}ca\sin B$$

を用いる。

　$c = 4$，$a = 9$，∠B = 30° なので，

$$S = \frac{1}{2} \times 4 \times 9 \times \sin 30° = \frac{1}{2} \times 4 \times 9 \times \frac{1}{2} = 9$$

頂点Cの向かい側の
辺 AB が $c$，頂点 A
の向かい側の辺 BC
が $a$ なので，$c = 4$，
$a = 9$ となります。

## 4　ベクトル

　ベクトルの加法と減法

　位置を問題にしないで，向きと大きさだけで定
まる量をベクトルという。ベクトルには始点と終
点が存在する。

矢印の長さが長いほ
ど，そのベクトルの
大きさは大きいと考
えます(→p.12参照)。

2つのベクトル$\vec{a}$と$\vec{b}$の和$\vec{a}+\vec{b}$は，2つのベクトルの始点を重ね，平行四辺形の対角線を図示する。

また，2つのベクトル$\vec{a}$と$\vec{b}$の差$\vec{a}-\vec{b}$は，$\vec{a}$と$-\vec{b}$の和と考えて図示する。$-\vec{b}$は，$\vec{b}$と反対の向きで大きさが等しいベクトルで，$\vec{b}$の逆ベクトルという。

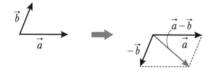

## 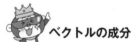 ベクトルの成分

座標平面の原点を O として，ベクトル$\vec{a}$の始点を O に重ねたときの終点の座標を$(a_1,\ a_2)$とする。このとき，$\vec{a}$の成分を$(a_1,\ a_2)$と表す。

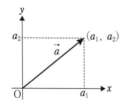

$a_1$を$x$成分，$a_2$を$y$成分といいます。

また，2つのベクトル $\vec{a}$ と $\vec{b}$ があり，

$$\vec{a} = (a_1, \ a_2)$$
$$\vec{b} = (b_1, \ b_2)$$

のとき，2つのベクトルの和 $\vec{a} + \vec{b}$ を成分で表すと，

$$\vec{a} + \vec{b} = (a_1 + b_1, \ a_2 + b_2)$$

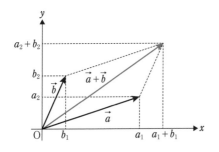

2つのベクトルの差
$\vec{a} - \vec{b}$ を成分で表す
と，
$\vec{a} = (a_1, a_2)$
$-\vec{b} = (-b_1, -b_2)$
と考えて，
$\vec{a} - \vec{b} = \vec{a} + (-\vec{b})$
　　　$= (a_1 - b_1, a_2 - b_2)$
となります。

〔例題9〕 $\vec{a} = (-2, 1), \vec{b} = (2, -3)$ のとき，
$\vec{a} + \vec{b}$ の成分を求めなさい。

〔解説〕

$$\vec{a} + \vec{b} = (-2, \ 1) + (2, \ -3)$$
$$= (-2 + 2, \ 1 - 3)$$
$$= (0, \ -2)$$

**No.1** $90° < \theta < 180°$ のとき，方程式 $2\cos^2\theta - \sqrt{3}\sin\theta + 1 = 0$ の $\theta$ の値として，最も妥当なものはどれか。 【東京消防庁】

**1** $100°$

**2** $115°$

**3** $120°$

**4** $135°$

**5** $150°$

正答と解説

**No.1** の解説

方程式 $2\cos^2\theta - \sqrt{3}\sin\theta + 1 = 0$ は，1つの式の中に $\sin\theta$ と $\cos\theta$ があり，このままでは扱いにくい。したがって，$\sin\theta$ か $\cos\theta$ のどちらか1つの三角比で表す。

$\sin\theta$ は1次，$\cos\theta$ は2次であるから，減らすのは $\cos\theta$ である。なぜなら，三角比の相互関係② $\sin^2\theta + \cos^2\theta = 1$ を利用して，方程式を $\sin\theta$ だけで表せるからである。

> $\sin^2\theta + \cos^2\theta = 1$ は問題文に載っていないが，三角比の相互関係はいつでも利用できる。

$\sin^2\theta + \cos^2\theta = 1$ より，$\cos^2\theta = 1 - \sin^2\theta$ であるから，

$$2\cos^2\theta - \sqrt{3}\sin\theta + 1 = 0$$
$$2(1 - \sin^2\theta) - \sqrt{3}\sin\theta + 1 = 0$$
$$2 - 2\sin^2\theta - \sqrt{3}\sin\theta + 1 = 0$$
$$-2\sin^2\theta - \sqrt{3}\sin\theta + 3 = 0$$

両辺に $-1$ をかけて，

$$2\sin^2\theta + \sqrt{3}\sin\theta - 3 = 0$$

ここで，$x = \sin\theta$ とすると，

$$2x^2 + \sqrt{3}\,x - 3 = 0$$

解の公式を用いると，

$$x = \frac{-\sqrt{3} \pm \sqrt{(\sqrt{3})^2 - 4 \times 2 \times (-3)}}{2 \times 2}$$

$$= \frac{-\sqrt{3} \pm \sqrt{3 + 24}}{4} = \frac{-\sqrt{3} \pm \sqrt{27}}{4}$$

$$= \frac{-\sqrt{3} \pm 3\sqrt{3}}{4}$$

$\dfrac{-\sqrt{3} + 3\sqrt{3}}{4} = \dfrac{\sqrt{3}}{2}$，$\dfrac{-\sqrt{3} - 3\sqrt{3}}{4} = -\sqrt{3}$ なので，$x = \dfrac{\sqrt{3}}{2}$，$-\sqrt{3}$

ここで，$90° < \theta < 180°$ だから $0 < \sin\theta < 1$，つまり $0 < x < 1$ だから，

$x = -\sqrt{3}$ は不適である。よって，$x = \dfrac{\sqrt{3}}{2}$

$90° < \theta < 180°$ の範囲で，$\sin\theta = \dfrac{\sqrt{3}}{2}$ を満たす $\theta$ は，**120°** となる。

よって，正答は **3** である。

## 1 点や図形の移動

### 平行移動

**(1) 点の移動**

> 点 $A(x, y)$ を、$x$ 軸の正方向に $\alpha$、$y$ 軸の
> 正方向に $\beta$ だけ移動した点 B は、
>
> $$(x + \alpha, \ y + \beta)$$

**平行移動**

平面上で、図形上の各点を、一定の方向に、一定の長さだけずらして移すことを平行移動という。

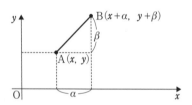

〔**例題1**〕 点 $(-3, \ 2)$ を、$x$ 軸の正方向に 2、
$y$ 軸の正方向に $-5$ だけ移動した点の座標を
求めなさい。

〔**解説**〕

$$(-3 + 2, \ 2 - 5)$$
$$= (-1, \ -3)$$

## （2）グラフの平行移動

$y = f(x)$ のグラフを，$x$ 軸の正の方向に $\alpha$，$y$ 軸の正の方向に $\beta$ だけ平行移動したグラフの式は，

$$y = f(x - \alpha) + \beta$$

グラフの平行移動は，$x$ を $x - \alpha$，$y$ を $y - \beta$ にします。

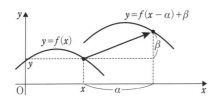

〔**例題２**〕 関数 $y = x^2 - 2x$ を，$x$ 軸の正の方向に $2$，$y$ 軸の正の方向に $-5$ だけ移動した式を求めなさい。

〔解説〕

$y = x^2 - 2x$ について，$x$ に $x - 2$ を，$y$ に $y - (-5)$ を置き換えればよいから，

$$y - (-5) = (x - 2)^2 - 2(x - 2)$$
$$y = x^2 - 6x + 3$$

## 対称移動

### （1）$x$ 軸に関して対称移動

点 $(x, y)$ を，$x$ 軸に関して対称移動した点は，

$$(x, -y)$$

と表せる。

**対称移動**

平面上で，図形上の各点を，直線または点に関して対称な位置に移すことを対称移動という。

また，$y = f(x)$ のグラフを，$x$ 軸に関して対称移動したグラフの式は，

$$y = -f(x)$$

と表せる。

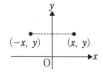

$x$ 軸に関して対称移動するときは，$y$ を $-y$ にする。

### (2) $y$ 軸に関して対称移動

点 $(x,\ y)$ を，$y$ 軸に関して対称移動した点は，

$$(-x,\ y)$$

と表せる。

また，$y = f(x)$ のグラフを，$y$ 軸に関して対称移動したグラフの式は，

$$y = f(-x)$$

と表せる。

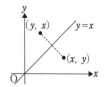

$y$ 軸に関して対称移動するときは，$x$ を $-x$ にする。

### (3) $y = x$ に関して対称移動

点 $(x,\ y)$ を，$y = x$ に関して対称移動した点は，

$$(y,\ x)$$

と表せる。

また，$y = f(x)$ のグラフを，$y = x$ に関して対称移動したグラフの式は，

$$x = f(y)$$

と表せる。

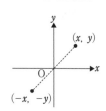

$y = x$ に関して対称移動するときは，$x$ と $y$ を入れ替える。

### (4) 原点に関して対称移動

点 $(x,\ y)$ を，原点に関して対称移動した点は，

$$(-x,\ -y)$$

と表せる。

また，$y = f(x)$ のグラフを，原点に関して対称移動したグラフの式は，

$$y = -f(-x)$$

と表せる。

> 原点に関して対称移動するときは，$x$ を $-x$ に，$y$ を $-y$ にする。

〔例題3〕

(1) 点 $(1, -2)$ を $x$ 軸に関して対称移動した座標を求めなさい。

(2) 点 $(1, -2)$ を $y = x$ に関して対称移動した座標を求めなさい。

(3) 関数 $y = -2x^2 + 1$ を $y$ 軸に関して対称移動した式を求めなさい。

(4) 関数 $y = -2x^2 + 1$ を原点に関して対称移動した式を求めなさい。

〔例題3の解答〕

(1)　$(1, 2)$

(2)　$(-2, 1)$

(3)　$x$ を $-x$ にして，
$$y = -2(-x)^2 + 1$$
$$= -2x^2 + 1$$

(4)　$x$ を $-x$ に，$y$ を $-y$ にして，
$$-y = -2(-x)^2 + 1$$
$$y = 2x^2 - 1$$

## 2　図形と方程式

### 座標平面上の点

#### (1) 2点 A，B 間の距離

2点 A $(x_1, y_1)$，B $(x_2, y_2)$ の間の距離は，

$$AB = \sqrt{(x_2 - x_1)^2 + (y_2 - y_1)^2}$$

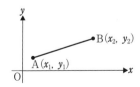

〔**例題4**〕 A$(-2, 4)$，B$(7, -3)$の間の距離を求めなさい。

〔**解説**〕

$$
\begin{aligned}
AB &= \sqrt{\{7-(-2)\}^2 + (-3-4)^2} \\
&= \sqrt{9^2 + (-7)^2} \\
&= \sqrt{130}
\end{aligned}
$$

## (2) 線分ABを$m:n$に分ける点P

2点A$(x_1, y_1)$，B$(x_2, y_2)$を$m:n$に分ける点Pの座標は，

$$
P\left(\frac{nx_1 + mx_2}{m+n}, \ \frac{ny_1 + my_2}{m+n}\right)
$$

特に，点Pが線分ABの中点のときは，

$$
P\left(\frac{x_1 + x_2}{2}, \ \frac{y_1 + y_2}{2}\right)
$$

**内分点**

$m$, $n$ を正の数とする。線分 AB 上の点 P が
$$AP:PB = m:n$$
を満たすとき，点 P は線分 AB を $m:n$ に内分するといい，点 P を内分点という。

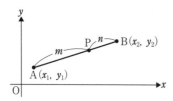

〔**例題5**〕 A$(3, 4)$，B$(-3, 1)$がある。このとき，線分ABを$2:1$に分ける点Pの座標を求めなさい。

〔解説〕

$$\left(\frac{1\times3+2\times(-3)}{2+1},\ \frac{1\times4+2\times1}{2+1}\right)=(-1,\ 2)$$

## (3) 線分ABCの重心G

3点 $A(x_1,\ y_1)$, $B(x_2,\ y_2)$, $C(x_3,\ y_3)$ を頂点とする△ABCの重心Gの座標は，

$$G\left(\frac{x_1+x_2+x_3}{3},\ \frac{y_1+y_2+y_3}{3}\right)$$

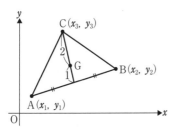

**重心**

三角形の頂点と向かい合う辺の中点を結ぶ線分を中線という。三角形の3本の中線は1点で交わり，その点は各中線を2：1に内分する。この点を重心といい，Gで表す。

〔例題6〕　3点 $(-1, 2)$, $(3,\ -4)$, $(7,\ -4)$ を頂点とする三角形の重心の座標を求めなさい。

〔解説〕

$$\left(\frac{-1+3+7}{3},\ \frac{2-4-4}{3}\right)=(3,\ -2)$$

 **直線の方程式**

**(1) 傾き $m$, $y$ 切片 $n$ の直線の方程式**

傾き $m$, $y$ 切片 $n$ の直線の方程式は,

$$y = mx + n$$

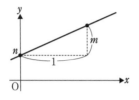

**(2) 2点 $(x_1, y_1)$, $(x_2, y_2)$ を通る直線の方程式**

2点 $(x_1, y_1)$, $(x_2, y_2)$ を通る直線の方程式は,

$$y = \frac{y_2 - y_1}{x_2 - x_1}(x - x_1) + y_1$$

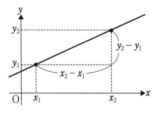

〔**例題7**〕 2点 $(3, -2)$, $(4, 1)$ を通る直線の方程式を求めなさい。

点 $(x_1, y_1)$ を通り, 傾き $m$ の直線の方程式は $y = m(x - x_1) + y_1$ と表すことができます。
たとえば, 点 $(-1, 3)$ を通り, 傾きが4の直線の方程式は
$y = 4\{x - (-1)\} + 3$
すなわち,
$$y = 4x + 7$$
となります。

〔解説〕

2点$(x_1, y_1)$, $(x_2, y_2)$を通る直線の方程式の公式

$y = \dfrac{y_2 - y_1}{x_2 - x_1}(x - x_1) + y_1$ を用いる。

$(x_1, y_1) = (3, -2)$, $(x_2, y_2) = (4, 1)$だから，

$$y = \frac{1 - (-2)}{4 - 3}(x - 3) - 2$$

$$y = 3x - 11$$

## 2直線の関係

　2つの直線の関係は，それぞれの直線の傾きに注目する。

### (1) 2直線が互いに平行なとき

　2直線$y = mx + n$, $y = m'x + n'$が平行になる条件は，

$$m = m'$$

さらに$n = n'$のときは，2直線は一致する。

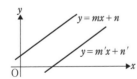

2直線が平行になるときは，2つの直線の傾きが一致する。

### (2) 2直線が垂直に交わるとき

　2直線$y = mx + n$, $y = m'x + n'$が垂直に交わる条件は，

2直線が垂直になるときは，2つの直線の傾きの積が−1になる。

$$mm' = -1$$

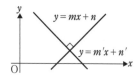

〔例題8〕 2直線 $3x + y = 17$ …①, $x + ay = 9$ …②が平行になるときと, 垂直になるときの定数 $a$ の値を, それぞれ求めなさい。

〔解説〕

$a = 0$ のとき, 直線②は $x = 9$ となり, ①と②は平行でも垂直でもないから, $a \neq 0$

①を $y$ について解くと, $y = -3x + 17$

②を $y$ について解くと, $y = -\dfrac{1}{a}x + \dfrac{9}{a}$

ゆえに, 直線①の傾きは $-3$, 直線②の傾きは $-\dfrac{1}{a}$

2直線①, ②が平行になるための条件は,

$-3 = -\dfrac{1}{a}$　これを解いて, $a = \dfrac{1}{3}$

2直線①, ②が垂直になるための条件は,

$-3 \times \left(-\dfrac{1}{a}\right) = -1$　これを解いて, $a = -3$

$x = 9$ は $x$ 軸に垂直な直線である。
このあと, ①を $y$ について解くが,
$y = mx + n$ のグラフは $x$ 軸に垂直な直線で表すことができないので, $x$ 軸に垂直な場合は初めに考えておく。

## 2次関数とグラフ

2次関数$y = ax^2 + bx + c$のグラフは，$y = ax^2$のグラフを平行移動した放物線である。どのような平行移動かを知るには，$y = ax^2 + bx + c$を標準形に変形する。

$$y = ax^2 + bx + c$$

$$= a\left(x + \frac{b}{2a}\right)^2 - \frac{b^2 - 4ac}{4a}$$

標準形に対し，$y = ax^2 + bx + c$の形の式を一般形ということもあります。

この変形により，2次関数$y = ax^2 + bx + c$のグラフは，$y = ax^2$のグラフを

$x$軸方向に$-\dfrac{b}{2a}$，$y$軸方向に$\dfrac{b^2 - 4ac}{4a}$

平行移動した放物線であることがわかる。

また，グラフの概形について，以下のこともわかる。

> 対称軸の直線の式：$x = -\dfrac{b}{2a}$
>
> 頂点の座標：$\left(-\dfrac{b}{2a},\ -\dfrac{b^2 - 4ac}{4a}\right)$

$a > 0$のときグラフは下に凸

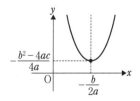

$a < 0$のときグラフは上に凸

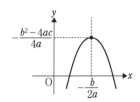

〔例題9〕 2次関数 $y = 2x^2 - 6x + 1$ の対称軸の直線の式と頂点の座標を求め、グラフを描きなさい。

〔解説〕

$y = 2x^2 - 6x + 1$

$\quad = 2\left(x - \dfrac{3}{2}\right)^2 - \dfrac{7}{2}$

対称軸の直線の式：$x = \dfrac{3}{2}$

頂点の座標：$\left(\dfrac{3}{2},\ -\dfrac{7}{2}\right)$

$y = 2x^2 - 6x + 1$ のグラフは、

$y = 2x^2$ を $x$ 軸方向に $\dfrac{3}{2}$、$y$ 軸方向に $-\dfrac{7}{2}$ 平行移動したものである。

2次関数の標準形
$y = a\left(x + \dfrac{b}{2a}\right)^2 - \dfrac{b^2 - 4ac}{4a}$
に $a = 2$, $b = -6$, $c = 1$ を代入する。

## 円の方程式

### （1）円の方程式

中心が C$(a, b)$、半径が $r$ の円の方程式は、
$$(x - a)^2 + (y - b)^2 = r^2$$

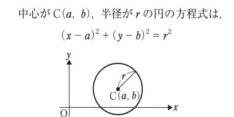

特に、中心が原点、半径が $r$ の円の方程式は
$$x^2 + y^2 = r^2$$
となります。

## (2) 円周上の点 A$(x_1,\ y_1)$における接線の方程式

円周上の点 A $(x_1,\ y_1)$ における接線の方程式は，

$$(x_1 - a)(x - a) + (y_1 - b)(y - b) = r^2$$

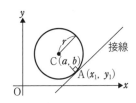

特に，$x^2 + y^2 = r^2$ 上の点 A $(x_1,\ y_1)$ における接線の方程式は $x_1 x + y_1 y = r^2$ となります。

〔例題10〕　円 $x^2 + y^2 - 2x - 4y - 20 = 0$ 上の点 $(4,\ 6)$ における，この円の接線の方程式を求めなさい。

〔解説〕

$x^2 + y^2 - 2x - 4y - 20 = 0$ を変形すると，

$x^2 - 2x + 1 + y^2 - 4y + 4 - 25 = 0$

$$(x - 1)^2 + (y - 2)^2 = 5^2$$

よって，この円は中心 $(1,\ 2)$，半径 5 である。

接線の方程式

$$(x_1 - a)(x - a) + (y_1 - b)(y - b) = r^2$$

に，$a = 1$，$b = 2$，$r = 5$，$x_1 = 4$，$y_1 = 6$ を代入して，

$$(4 - 1)(x - 1) + (6 - 2)(y - 2) = 5^2$$

$$3(x - 1) + 4(y - 2) = 25$$

すなわち，$3x + 4y = 36$ となる。

# 3 不等式と領域

## 不等式の表す領域

直線 $y = mx + n$ を $\ell$ とすると,

① 不等式 $y > mx + n$ の表す領
域は,直線 $\ell$ の上側の部分

② 不等式 $y < mx + n$ の表す領
域は,直線 $\ell$ の下側の部分

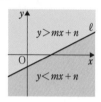

同様に,曲線 $y = f(x)$ について,

① 不等式 $y > f(x)$ の表す領域
は,曲線 $y = f(x)$ の上側の
部分(図のアの部分)

② 不等式 $y < f(x)$ の表す領域
は,曲線 $y = f(x)$ の下側の
部分(図のイの部分)

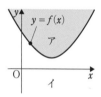

円 $(x - a)^2 + (y - b)^2 = r^2$ を $C$ とすると,

① 不等式 $(x - a)^2 + (y - b)^2 < r^2$ の表す領域は円 $C$
の内部

② 不等式 $(x - a)^2 + (y - b)^2 > r^2$ の表す領域は円 $C$
の外部

$y \geqq mx + n$ の場合は,
境界線(左の図の場
合は直線 $\ell$)を含む
ことになります。
$y > mx + n$ の場合は,
境界線を含みません。
この関係は,どの不
等式の領域において
も成り立ちます。

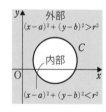

〔例題11〕　右の図のぬり
つぶした部分を表した不
等式を求めなさい。ただ
し，図中の点Cは円の中
心であり，また，図にお
いて境界線を含まないも
のとする。

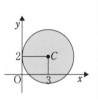

〔解説〕

図の円は，中心の座標が (3, 2)，半径が3で，
円の内部の領域であり，境界線を含まないので，

$$(x-3)^2+(y-2)^2<3^2$$

となる。

## 最大値と最小値

関数の最大値や最小値を求めるときは，グラフ
の概形をかき，$x$の範囲をグラフに書き込んで答
える。特に2次関数の場合は，放物線の式を頂点
のわかる形に変形し，$x$の範囲と対称軸との位置
関係に注目する。

〔例題12〕　$y=-x^2+2x+3$の最大値を求め
なさい。

〔解説〕

$y=-x^2+2x+3=-(x-1)^2+4$と変形する（平

この場合，最小値は存
在しない。

方完成）。図のように，グラフは上に凸で，頂点の座標は，(1，4) である。したがって，$x = 1$ のとき，最大値4である。

〔例題13〕 $y = (x-1)^2 + 1$ の $-1 \leqq x \leqq 2$ における最大値と最小値を求めなさい。

〔解説〕

グラフは下に凸で，頂点の座標は(1，1)である。また，$x = -1$ のとき $y = 5$，$x = 2$ のとき $y = 2$ なので，与えられた関数のグラフは，図の実線部分である。したがって，

　$x = -1$ のとき，最大値5
　$x = 1$ のとき，最小値1
である。

$x$ の範囲内に対称軸が含まれている場合，頂点の $y$ 座標が最大値や最小値になります。

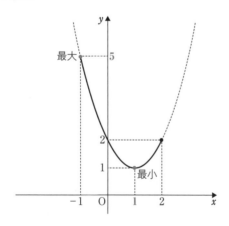

# TRY! 過去問にチャレンジ

**No.1**　3点 $(0, -2)$, $(1, -1)$, $(2, 2)$ を通る2次関数のグラフを描き、これを $x$ 軸方向に $-1$、$y$ 軸方向に $+3$ だけ平行移動した。このときの2次関数はどれか。　　　　　　　【国家Ⅲ種／中途採用者】

**1**　$y = x^2 + x + 1$　　　**2**　$y = x^2 + x + 2$　　　**3**　$y = x^2 + 2x + 1$

**4**　$y = x^2 + 2x + 2$　　　**5**　$y = x^2 + 3x + 1$

## 正答と解説

**No.1** の解説

求める2次関数を $y = ax^2 + bx + c$ とする。

この放物線のグラフは3点 $(0, -2)$, $(1, -1)$, $(2, 2)$ を通るから、$y = ax^2 + bx + c$ に代入すると、

$$\begin{cases} -2 = a \times 0^2 + b \times 0 + c \\ -1 = a \times 1^2 + b \times 1 + c \\ 2 = a \times 2^2 + b \times 2 + c \end{cases}$$　整理すると、　$$\begin{cases} -2 = c & \cdots① \\ -1 = a + b + c & \cdots② \\ 2 = 4a + 2b + c & \cdots③ \end{cases}$$

①を②、③に代入すると、

$$\begin{cases} -1 = a + b - 2 \\ 2 = 4a + 2b - 2 \end{cases}$$　整理すると、　$$\begin{cases} a + b = 1 & \cdots②' \\ 4a + 2b = 4 & \cdots③' \end{cases}$$

③′－②′×2より、$2a = 2$　よって、$a = 1$　…④

④を②′に代入して、$1 + b = 1$　ゆえに、$b = 0$

3点 $(0, -2)$, $(1, -1)$, $(2, 2)$ を通る2次関数の式は、$y = x^2 - 2$

これを $x$ 軸方向に $-1$、$y$ 軸方向に $+3$ だけ平行移動すると、

$$y - 3 = \{x - (-1)\}^2 - 2$$
$$y = (x + 1)^2 + 3 - 2 = x^2 + 2x + 2$$

よって、正答は**4**である。

# 微分・積分・個数の処理

・微分や積分の公式を用いて，正答を導けるように
　しよう。
・場合の数や確率を求められるようにしよう。

---

## 1　極限値・微分・積分

### 極限値

　関数 $f(x)$ において，$x$ が $a$ と異なる値をとりな
がら $a$ に限りなく近づくとき，$f(x)$ がある一定の
値 $\alpha$ に限りなく近づく場合，この $\alpha$ を $f(x)$ の極限
値という。これを次のように表す。

$$\lim_{x \to a} f(x) = \alpha$$
または，
$$x \to a \text{ のとき } f(x) \to \alpha$$

〔例題1〕　極限値 $\lim_{x \to 2} (x^2 + 2x - 3)$ を求めな
さい。

〔解説〕

$$\lim_{x \to 2} (x^2 + 2x - 3) = 2^2 + 2 \times 2 - 3 = 5$$

微分法

## (1) 微分係数

> 関数 $f(x)$ の $x = a$ における微分係数は，
> $$f'(a) = \lim_{b \to a} \frac{f(b) - f(a)}{b - a}$$
> または，
> $$f'(a) = \lim_{h \to 0} \frac{f(a + h) - f(a)}{h}$$

## (2) 導関数

> 関数 $f(x)$ の導関数 $f'(x)$ の定義は，
> $$f'(x) = \lim_{h \to 0} \frac{f(x + h) - f(x)}{h}$$

関数 $f(x)$ から導関数 $f'(x)$ を求めることを，$f(x)$ を微分するという。

〔例題２〕　関数 $f(x) = -x^2 + x$ を定義に沿って微分しなさい。

〔解説〕

導関数の定義の式より，

$$f'(x) = \lim_{h \to 0} \frac{f(x + h) - f(x)}{h}$$

$$= \lim_{h \to 0} \frac{\{-(x + h)^2 + (x + h)\} - (-x^2 + x)}{h}$$

**微分係数の図形的な意味について**

曲線 $y = f(x)$ 上の点 A $(a, f(a))$ における曲線の接線の傾きは，関数 $f(x)$ の $x = a$ における微分係数 $f'(a)$ で表される。

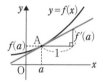

関数 $f(x)$ における $x$ が，$a$ から $b$ まで変化するときの平均変化率が $\dfrac{f(b) - f(a)}{b - a}$ であり，$a$ から $a + h$ まで変化するときの平均変化率が $\dfrac{f(a + h) - f(a)}{h}$ です。

$$= \lim_{h \to 0} \frac{-2xh + h - h^2}{h}$$

$$= \lim_{h \to 0} (-2x + 1 - h) = -2x + 1$$

## （3）接線の方程式

曲線 $y = f(x)$ 上の点 A $(a, f(a))$ における接線について，

① 接線の傾き：$f'(a)$

② 接線の方程式：$y - f(a) = f'(a)(x - a)$

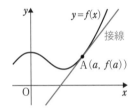

点 A をこの接線の接点といいます。

関数 $y = f(x)$ のグラフの増減について考える。ある区間において，

① $f'(x) > 0$ ならば，$f(x)$ はその区間で増加する

② $f'(x) < 0$ ならば，$f(x)$ はその区間で減少する

また，$f'(a) = 0$ であり，かつ $x = a$ の前後で $f'(x)$ の符号が

① 正から負に変わるとき（$f(x)$ が増加から減少に移るとき），$f(x)$ は $x = a$ で極大

② 負から正に変わるとき（$f(x)$ が減少から増加に移るとき），$f(x)$ は $x = a$ で極小

**区間**

不等式 $a \leqq x \leqq b$，$x \leqq a$，$b < x$ などを満たす $x$ の集合のこと。

「増加」「減少」という用語は，それぞれ「単調増加」「単調減少」ということもあります。

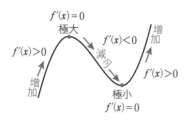

〔例題3〕 $y = 2x^3 - 3x^2 + 1$ のグラフを描きなさい。

〔解説〕

$y = 2x^3 - 3x^2 + 1$ を $x$ で微分すると,

$$y' = 6x^2 - 6x$$

$y' = 0$ とすると,

$$6x^2 - 6x = 0$$

$$x = 0, \ 1$$

$y$ の増減表は次のようになる。

| $x$ | …… | $0$ | …… | $1$ | …… |
|---|---|---|---|---|---|
| $y'$ | $+$ | $0$ | $-$ | $0$ | $+$ |
| $y$ | ↗ | 極大 $1$ | ↘ | 極小 $0$ | ↗ |

よって, $y$ は $x = 0$ で極大値1, $x = 1$ で極小値0をとる。また, グラフは右図のようになる。

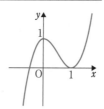

$y' > 0$ となるとき, $y$ は増加する。よって,
$$6x^2 - 6x > 0$$
$$6x(x-1) > 0$$
$$x < 0, \ 1 < x$$
のとき, グラフは増加する。
同様に, $y' < 0$ となるとき, $y$ は減少する。よって,
$$6x^2 - 6x < 0$$
$$6x(x-1) < 0$$
$$0 < x < 1$$
のとき, グラフは減少する。

**積分法**

## (1) 不定積分

$F'(x) = f(x)$ のとき，$C$ を定数とすると，

$$\int f(x)\, dx = F(x) + C$$

不定積分のことを，「微分すると $f(x)$ になる関数」の意味で $f(x)$ の原始関数ということもあります。

## (2) 整関数の不定積分

$C$ を積分定数としたとき，

$$\int x^n dx = \frac{x^{n+1}}{n+1} + C$$

$$\int (ax+b)^n dx = \frac{(ax+b)^{n+1}}{a(n+1)} + C$$

$\int f(x)\, dx = F(x) + C$

のとき，$f(x)$ を被積分関数，$x$ を積分変数といいます。

## (3) 積分の性質

$$\int k f(x)\, dx = k \int f(x)\, dx$$

$$\int \{f(x) + g(x)\}\, dx = \int f(x)\, dx + \int g(x)\, dx$$

〔例題4〕 次の不定積分を求めなさい。積分定数は $C$ とする。

① $\int (x^2 - 4x)\, dx$ ② $\int (2x+1)^3\, dx$

〔解説〕

①

$$\int (x^2 - 4x)\,dx = \int x^2\,dx - 4\int x\,dx$$

$$= \frac{x^{2+1}}{2+1} - 4 \times \frac{x^{1+1}}{1+1} + C$$

$$= \frac{1}{3}x^3 - 2x^2 + C$$

② 

$$\int (2x+1)^3\,dx = \frac{(2x+1)^{3+1}}{2(3+1)} + C$$

$$= \frac{1}{8}(2x+1)^4 + C$$

積分の演算は，微分の演算の逆とみることができます。そのため，積分の計算によって得られた結果を微分して，被積分関数になることを確認（検算）すれば，計算が正しいかどうかわかります。

**(4) 定積分**

$F'(x) = f(x)$ のとき，
$$\int_a^b f(x)\,dx = \left[F(x)\right]_a^b = F(b) - F(a)$$

定積分を求める区間
$a \leqq x \leqq b$
を，積分区間という。

**(5) 定積分の性質**

$$\int_a^b f(x)\,dx = \int_a^c f(x)\,dx + \int_c^b f(x)\,dx$$

定積分の値は積分定数 $C$ に無関係に定まるので，定積分の計算は積分定数を省いて行ってよいのです。

〔例題5〕　次の定積分を求めなさい。
$$\int_{-1}^2 (3x^2 + 2x)\,dx + \int_2^3 (3x^2 + 2x)\,dx$$

〔解説〕

$$\int_{-1}^{2}(3x^2+2x)\,dx + \int_{2}^{3}(3x^2+2x)\,dx$$

$$=\int_{-1}^{3}(3x^2+2x)\,dx \quad \text{(定積分の性質を利用)}$$

$$=\left[3\times\frac{x^{2+1}}{2+1}+2\times\frac{x^{1+1}}{1+1}\right]_{-1}^{3}=\left[x^3+x^2\right]_{-1}^{3}$$

$$=(3^3+3^2)-\{(-1)^3+(-1)^2\}=36$$

## (6) 定積分と面積

区間 $a\leqq x\leqq b$ で常に $f(x)\geqq g(x)$ とする。2つの直線や曲線 $y=f(x)$, $y=g(x)$, および直線 $x=a$, $x=b$ で囲まれた図形の面積 $S$ は,

$$S=\int_{a}^{b}\{f(x)-g(x)\}\,dx$$

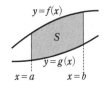

〔例題6〕 曲線 $y=-x^2+3x+2$ と直線 $y=x-1$ で囲まれた部分の面積 $S$ を求めなさい。

〔解説〕

曲線と直線の交点の $x$ 座標は, $y=-x^2+3x+2$ と $y=x-1$ の連立方程式を解いて, $x=-1$, 3

$$S=\int_{-1}^{3}\{(-x^2+3x+2)-(x-1)\}\,dx$$

$$=\int_{-1}^{3}(-x^2+2x+3)\,dx$$

$$=\left[-\frac{1}{3}x^3+x^2+3x\right]_{-1}^{3}=\frac{32}{3}$$

$$\left[-\frac{1}{3}x^3+x^2+3x\right]_{-1}^{3}$$

$$=\left(-\frac{1}{3}\cdot3^3+3^2+3\cdot3\right)$$

$$-\left\{-\frac{1}{3}(-1)^3+(-1)^2+3(-1)\right\}$$

$$=9-\left(-\frac{5}{3}\right)$$

$$=\frac{32}{3}$$

## 2 個数の処理

### 場合の数

#### (1) 和の法則

2つの事柄AとBは同時に起こらないとする。Aの起こり方が $a$ 通りあり，Bの起こり方が $b$ 通りあれば，AまたはBの起こる場合の数は，$a + b$ 通りある。

和の法則は，3つ以上の事柄についても同じように成り立ちます。

〔**例題7**〕 大きさの異なる2個のサイコロを投げるとき，目の和が2か4となる場合は何通りあるか求めなさい。

「大きさの異なる」ということは，2個のサイコロを区別する必要がある。よって，「大が1，小が3」と「大が3，小が1」は別の場合として数える。

〔**解説**〕

2個のサイコロの目の数をそれぞれ $a, b$ とすると，

① $a + b = 2$ のとき，$(a, b) = (1, 1)$

② $a + b = 4$ のとき，$(a, b) = (1, 3)，(2, 2)，(3, 1)$

①，②が同時に起こることはないから，求める場合の数は，和の法則により，$1 + 3 = 4$〔通り〕

#### (2) 積の法則

事柄Aの起こり方が $a$ 通りあり，そのどの場合に対しても，事柄Bの起こり方が $b$ 通りあれば，AとBがともに起こる場合の数は，$a \times b$ 通りある。

積の法則は，3つ以上の事柄についても同じように成り立ちます。

〔**例題8**〕 新聞が4種類，週刊誌が5種類ある。それぞれ1つずつ選ぶには，何通りの選び方があるか求めなさい。

〔**解説**〕

　新聞の選び方は4通り，そのどの場合に対しても，週刊誌の選び方が5通りあるので，積の法則より，$4 \times 5 = 20$〔通り〕

 **順列**

**（1）順列**

　いくつかのものを順に1列に並べるとき，その並びを順列という。異なる $n$ 個のものから異なる $r$ 個を取り出して並べる順列の総数は，

$$_n\mathrm{P}_r = n(n-1)(n-2)\cdots\cdots(n-r+1) = \frac{n!}{(n-r)!}$$

$n!$ は $n$ の階乗（かいじょう）といい，$_n\mathrm{P}_n$ のことを表す。つまり，
$n! = n(n-1)\cdots\cdots 2\cdot 1$
である。また，$0! = 1$ と定める。

〔**例題9**〕 男子5人，女子3人が1列に並ぶとき，女子3人がみな隣り合う並び方は何通りあるか求めなさい。

〔**解説**〕

　隣り合う女子3人をまとめて1組と考えると，この1組と男子5人が並ぶ方法は，

　　$6! = 6\cdot 5\cdot 4\cdot 3\cdot 2\cdot 1 = 720$〔通り〕

そのどの場合に対しても，女子3人の並び方は，

男子5人と女子1組合わせて6組の中から6組を選んで並べるから
　$_6\mathrm{P}_6 = 6!$
で計算できます。

264

$$3! = 3 \cdot 2 \cdot 1 = 6 \text{〔通り〕}$$

ゆえに，求める並び方の総数は，積の法則より，

$$720 \times 6 = 4320 \text{〔通り〕}$$

## (2) 円順列

　ものを円形に並べる順列を円順列といい，異なる $n$ 個の円順列の総数は，$(n-1)!$ である。

---

〔例題10〕　6人の生徒A, B, C, D, E, Fが丸いテーブルに座るとき，6人の生徒の座り方は何通りか求めなさい。

---

〔解説〕

$$(6-1)! = 5! = 120 \text{〔通り〕}$$

## (3) 環順列

　右の2つの環のように，異なるいくつかのものを円形に並べ，回転または裏返して一致するものは

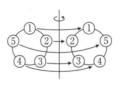

同じものとみるとき，その並び方を環順列という。

異なる $n$ 個の環順列の総数は，$\dfrac{(n-1)!}{2}$ である。

環順列のことをじゅず順列ともいいます。

## (4) 重複順列

　異なる $n$ 個のものから，重複を許して $r$ 個を取り出して並べる順列を重複順列といい，その総数は，$n^r$ である。

〔**例題11**〕　4人が1回じゃんけんをするとき，手の出し方が全部で何通りあるか求めなさい。

〔**解説**〕

　1人のじゃんけんの手の出し方はグー，チョキ，パーの3通り。異なる3個のものから，重複を許して4個を取り出して並べると，

$$3^4 = 81〔通り〕$$

## 組合せ

　ものを取り出す順序を無視した組の1つ1つを組合せという。異なる $n$ 個のものから異なる $r$ 個を取り出してつくる組合せの総数は，

$$_nC_r = \frac{n(n-1)(n-2)\cdots\cdots(n-r+1)}{r(r-1)\cdots\cdots 3 \cdot 2 \cdot 1}$$

また，$_nC_r$ は次のようにも定義できる。

$$_nC_r = \frac{_nP_r}{r!} = \frac{n!}{r!(n-r)!}$$

　$_nC_r$ の性質として，次が成り立つ。

$$_nC_r = {_nC_{n-r}}$$

ただし，$n \geqq r$ である。

特に，$_nC_1 = n$，$_nC_n = 1$ となります。なお，$_nC_0 = 1$ と定めます。

この性質を利用すると計算が簡単になり，ミスが減る。たとえば，$_{10}C_8$ を素直に計算すると，$_{10}C_8 = \dfrac{10 \cdot 9 \cdots\cdots 4 \cdot 3}{8 \cdot 7 \cdots\cdots 2 \cdot 1}$ となり計算が大変であるが，

$_{10}C_8 = {}_{10}C_{10-8} = {}_{10}C_2$ と変形すれば，$_{10}C_8 = \dfrac{10 \cdot 9}{2 \cdot 1}$ となる。

順序が問題になる場合は「順列」，順序が問題にならない場合は「組合せ」となります。

---

〔**例題12**〕　11人の中から5人の委員を選ぶ方法が何通りあるか求めなさい。

〔**解説**〕

並び方は関係しないので，組合せを考える。

$$_{11}C_5 = \frac{11 \cdot 10 \cdot 9 \cdot 8 \cdot 7}{5 \cdot 4 \cdot 3 \cdot 2 \cdot 1} = 462 〔通り〕$$

---

 **確率**

1つの試行において，起こりうる結果全体を集合 $U$ で表すとき，$U$ 自身で表される事象を**全事象**という。また，決して起こらない事象を**空事象**といい，$\phi$ で表す。

1つの試行において，ある事象 $A$ の起こることが期待される割合を，事象 $A$ の**確率**といい，これを $P(A)$ で表す。

全事象 $U$ の要素の個数を $n(U)$ とし，事象 $A$ の要素の個数を $n(A)$ とする。全事象 $U$ のどの事象

**試行・事象**
同じ条件のもとで繰り返すことができる実験や観測を試行という。また，試行の結果として起こる事柄を事象という。

$\phi$ は「ファイ」と読みます。

が起こることも同様に確からしいとき，事象 $A$ の起こる確率 $P(A)$ は，

$$P(A) = \frac{事象Aの起こる場合の数}{起こりうるすべての場合の数} = \frac{n(A)}{n(U)}$$

## （1）確率の基本性質

$$0 \leqq P(A) \leqq 1, \ P(\phi) = 0, \ P(U) = 1$$

## （2）確率の加法定理

事象 $A$，$B$ が互いに排反であるとき，

$$P(A \cup B) = P(A) + P(B)$$

〔例題13〕 袋の中に赤玉6個，白玉4個が入っている。この袋から2個の玉を同時に取り出すとき，その2個が同じ色である確率を求めなさい。

〔解説〕

起こりうるすべての場合の数は，${}_{10}C_2 = 45$〔通り〕

2個とも赤玉の場合の数は，${}_6C_2 = 15$〔通り〕

2個とも白玉の場合の数は，${}_4C_2 = 6$〔通り〕

これらはともに排反だから，求める確率は，

$$\frac{15}{45} + \frac{6}{15} = \frac{11}{15}$$

**排反**

2つの事象 $A$，$B$ が決して同時に起こらない，すなわち，$A \cap B = \phi$ のとき，事象 $A$，$B$ は互いに排反であるという。または，互いに排反事象であるという。

一般に，事象 $A$，$B$ において，

① $A$ と $B$ がともに起こる事象を $A$ と $B$ の**積事象**といい，$A \cap B$ で表します。

② $A$ または $B$ が起こる事象を $A$ と $B$ の**和事象**といい，$A \cup B$ で表します。

## (3) 和事象の確率

2つの事象 $A, B$ について，次の等式が成り立つ。

$$P(A \cup B) = P(A) + P(B) - P(A \cap B)$$

## (4) 余事象の確率

全事象 $U$ の事象 $A$ とその余事象 $\overline{A}$ について，次の等式が成り立つ。

$$P(\overline{A}) = P(U) - P(A)$$

**余事象**

全事象を $U$ とする。事象 $A$ に対して，「$A$ が起こらない」という事象を $A$ の余事象といい，$\overline{A}$ で表す。

〔例題14〕 4枚の硬貨を投げて少なくとも1枚表が出る確率を求めなさい。

〔解説〕

1枚も表が出ない（すべて裏が出る）確率は $\dfrac{1}{2^4}$

よって，$1 - \dfrac{1}{2^4} = 1 - \dfrac{1}{16} = \dfrac{15}{16}$

## (5) 独立試行の確率

2つの試行 S と T が独立であるとき，S で事象 $A$ が起こり，かつ T で事象 $B$ が起こる確率を $p$ とすると，

$$p = P(A) \times P(B)$$

## (6) 反復試行の確率

1回の試行で事象 $A$ の起こる確率を $p$ とする。この試行を $n$ 回繰り返し行うとき，$A$ がちょうど

**独立**

いくつかの試行において，どの試行の結果も他の試行の結果に影響を与えないとき，これらの試行は独立であるという。

**反復試行**

同じ条件のもとでの試行の繰り返しを反復試行という。1つの試行を何回か繰り返すとき，これらの試行は独立である。

$r$ 回起こる確率は

$$_n\mathrm{C}_r p^r (1-p)^{n-r}$$

〔例題 15〕 1個のサイコロを 4 回投げるとき，4 の目が 1 回出る確率を求めなさい。

〔解説〕

4 の目が出る確率は $\dfrac{1}{6}$

4 以外の目が出る確率は $\dfrac{5}{6}$

4 の目は 1 回，4 以外の目は 3 回出るから，

$$_4\mathrm{C}_1 \left(\frac{1}{6}\right)^1 \left(\frac{5}{6}\right)^3 = 4 \times \frac{1}{6} \times \frac{125}{216} = \frac{125}{324}$$

## （7）条件付き確率

1つの試行における2つの事象 $A$, $B$ について，事象 $A$ が起こったとして，そのときに事象 $B$ の起こる確率を，$A$ が起こったときの $B$ が起こる条件付き確率といい，$P_A(B)$ で表す。

条件付き確率の例として，袋の中に赤玉 3 個と白玉 3 個が入っており，それぞれ 1～3 の数字が書かれている場合を考えてみましょう。この中から 1 つ玉を取り出します。取り出した玉が赤玉のときに，それに「2」の数字が書かれている条件付き確率は，$\dfrac{1}{3}$ となります。

## TRY! 過去問にチャレンジ

**No.1**　1～6の目のある大小2個のサイコロを振り，出た目の数をそれぞれ$x$，$y$とするとき，不等式$y>x^3-6x^2+8x$が成立する確率はいくらか。

【国家Ⅲ種】

**1** $\dfrac{1}{3}$　　**2** $\dfrac{5}{12}$　　**3** $\dfrac{4}{9}$　　**4** $\dfrac{7}{12}$　　**5** $\dfrac{2}{3}$

### 正答と解説

**No.1** の解説

不等式の右辺　$x^3-6x^2+8x$　の$x$の値を，サイコロの目の数に当てはめて計算する。

　$x=1$の場合は3，$x=2$の場合は0，$x=3$の場合は$-3$，$x=4$の場合は0，$x=5$の場合は15，$x=6$の場合は48

そのうえで，問題の不等式が成立する場合の$y$の数を数える。

　$x=1$の場合，3より大きい数は4，5，6の3通り

　$x=2$の場合，0より大きい数は1，2，3，4，5，6の6通り

　$x=3$の場合，$-3$より大きい数は1，2，3，4，5，6の6通り

　$x=4$の場合，0より大きい数は1，2，3，4，5，6の6通り

　$x=5$の場合，15より大きな数は0通り

　$x=6$の場合，48より大きな数は0通り

起こりうる事象の事象は，$6^2=36$〔通り〕であるから，求める確率は，

$$\frac{3+6+6+6+0+0}{36}=\frac{21}{36}=\frac{7}{12}$$

となる。よって，正答は**4**である。

| | |
|---|---|
| 編集協力 | エディット |
| 本文組版 | 千里 |
| カバーデザイン | cycledesign |
| イラスト | アキワシンヤ |

●**本書の内容に関するお問合せについて**

　本書の内容に誤りと思われるところがありましたら，まずは小社ブックスサイト（jitsumu.hondana.jp）中の本書ページ内にある正誤表・訂正表をご確認ください。正誤表・訂正表がない場合や訂正表に該当箇所が掲載されていない場合は，書名，発行年月日，お客様の名前・連絡先，該当箇所のページ番号と具体的な誤りの内容・理由等をご記入のうえ，郵便，FAX，メールにてお問合せください。

　〒163-8671　東京都新宿区新宿1-1-12　実務教育出版　第二編集部問合せ窓口
　FAX：03-5369-2237　　E-mail：jitsumu_2hen@jitsumu.co.jp

【ご注意】
※電話でのお問合せは，一切受け付けておりません。
※内容の正誤以外のお問合せ（詳しい解説・受験指導のご要望等）には対応できません。

公務員試験[高卒程度・社会人]

らくらく総まとめ　自然科学

2021年9月10日　初版第1刷発行　　　　　　　　　　　〈検印省略〉

| | |
|---|---|
| **編　者** | 資格試験研究会 |
| **発行者** | 小山隆之 |

| | |
|---|---|
| **発行所** | 株式会社　実務教育出版 |
| | 〒163-8671　東京都新宿区新宿1-1-12 |
| | TEL 編集03-3355-1812　　販売03-3355-1951 |
| | 振替　00160-0-78270 |

| | |
|---|---|
| **印　刷** | 壮光舎印刷 |
| **製　本** | ブックアート |